言語の科学7　談話と文脈

編集委員

大津由紀雄
郡司隆男
田窪行則
長尾　真
橋田浩一
益岡隆志
松本裕治

談話と文脈

言語の科学

7

田窪行則
西山佑司
三藤 博
亀山 恵
片桐恭弘

岩波書店

執筆者
学習の手引き　田窪行則
第1章　　　　西山佑司
第2章　　　　三藤　博
第3章　　　　亀山　恵
第4章　　　　片桐恭弘

〈言語の科学〉へのいざない

　私たちが日常，あたりまえのように使っている言語．その言語の性質を解明することは，長年にわたる人間の知的挑戦の対象であった．では，言語を科学的に研究すること，すなわち自然科学的な方法で研究することは可能だろうか．それは可能であり，また必要であるというのが私たちの見解である．

　歴史的に見ても，すでに，紀元前のインドでは形式的な文法体系の記述がなされ，下って19世紀にはヨーロッパの言語を対象とした比較言語学の厳密な方法論が確立されていた．20世紀に至ってからは，初頭の一般言語学の確立を経て，20世紀後半には音韻体系，文法範疇などの形式的記述が洗練され，言語を科学的にとらえる試みは着実に成果を上げてきたと考えられる．

　さらに20世紀以降のコンピュータの発達は，言語現象に対する情報論的視点という新たな見方をもたらした．現在，音声認識・音声合成技術の発展，形式化された文法による構文解析技術を応用した機械翻訳システムの開発など，言語のさまざまな側面が，機械処理の対象となり得るほどに明らかにされつつある．

　しかし，従来の学問観に従う一般的な認識では，言語学は自然科学の一部門ではなく，人文学の領域に属すると見なされる傾向が強いのも事実であろう．本叢書では，言語を一種の自然現象と見なす方法を前提としている．特に，物理学のような典型的な自然科学に範をとるだけでなく，情報のような抽象的な存在を対象にする情報科学など，近年の自然科学のさまざまな方法論に立脚し，言語を，人間が，そして人間のみが，自在にあやつる，情報の一つの自然な形態として捉える見方に立っている．

　そのような言語観に立った場合，さまざまな興味深い知的営みが可能になる．現在どのような分野の研究が言語の研究として行なわれているのか，言語の研究者によってどのような研究対象が設定されているのか，それぞれの研究はどのような段階に至っているのか，また，今後どのような研究が期待されているのかということを，人文系・理工系を問わず，できるだけわかりやすく読者に示すことを試みた．

本叢書はもともと，岩波講座「言語の科学」として刊行されたものである．本叢書の特色は，言語の研究に深く関連している言語学，国語学，言語心理学，言語教育，情報科学，認知科学などの研究分野の，従来の縦割りの枠に捉われず，これらの学問の最新の成果を学際的に統合する観点に立っていることにある．

　本叢書のもう一つの特徴は，各巻を研究対象ごとに分けた上で，さまざまな角度からの研究方法を統合的に紹介することを試みたことである．文科系の読者が自然科学的な方法を，また，理工系の読者が人文学的な知識を，無理なく身につけることが可能となる構成をとるように工夫した．

　以上のような趣旨をいかすため，各巻において，言語に関する研究の世界の第一線の研究者に執筆をお願いした．各執筆者には，基本的な事柄を中心にすえた上で，ときには最先端の研究動向の一端も含めて，読者が容易に理解できるように解説していただいた．幸いにして私たちの刊行の趣旨を理解していただき，現時点において最良の執筆陣を得られたと自負している．

　全体の巻構成と，この叢書がなぜこのように編成されたか，ということを簡単に説明しておこう．本叢書の各巻のタイトルは次のようになっている．

　　1　言語の科学入門　　7　談話と文脈
　　2　音声　　　　　　　8　言語の数理
　　3　単語と辞書　　　　9　言語情報処理
　　4　意味　　　　　　　10　言語の獲得と喪失
　　5　文法　　　　　　　11　言語科学と関連領域
　　6　生成文法

　「科学」としての言語学という性格を一番端的に表わしているのは，第6巻で解説される「生成文法」という，20世紀半ばに誕生した文法システムであろう．生成文法は言語獲得という事実にその経験的基盤を求める．そこで第10巻『言語の獲得と喪失』では，言語の獲得と喪失が言語の科学とどう有機的に結びつくのかを明らかにする．一方，第5巻では，生成文法誕生以前にさかのぼり，特定の理論的枠組によらない，文法研究そのものを検討する．「文法」に関する2つの巻，およびそれと深く関連する第10巻は，言語学の科学としての性格が特に濃厚な部分である．

第7巻『談話と文脈』は，これとは対照的に，言語の使い手としての人間に深くかかわるトピックを扱う．その意味で，人文学的な研究とも通じる，言語研究の「醍醐味」を感じさせる分野であるが，形式化などの点からは今後の発展が期待される分野である．

　文法に関する2つの巻を第7巻と反対側からはさむ形で第4巻『意味』がある．ここでは，科学的な性格が色濃く出ているアプローチ(第2章)と，言語の使い手としての人間という見方を強く出しているアプローチ(第3章)が並行して提示されているので，読者は意味の問題の奥深さを感じとることができるだろう．

　第2巻の『音声』については，音響に関して物理学的な研究法がすでにある．この巻では，そのような研究と，言語学の中で発達してきた方法論との双方が提示され，音声研究の幅の広さが示されている．

　第3巻『言語と辞書』は音声と意味との仲立ちをする装置としての語彙についての解説である．これも，言語学や心理学の中で開発されてきた方法論と，より最近の機械処理の立場からの研究の双方を提示している．

　第8巻『言語の数理』と第9巻『言語情報処理』は言語科学の研究の基礎的な部分の解説であり，特に，数学や情報科学になじみのない読者に必要最小限の知識をもっていただくことを意図して書かれている．これらは，言語科学の技術的側面が最も強く出ている巻でもあろう．言語の研究におけるコンピュータの役割の大きさは，ほとんどの巻にコンピュータに関連する章があることからも明らかであるが，特に言語を機械で扱う「情報」という形で正面から捉えた巻として第9巻を位置付けることができる．

　最後の第11巻『言語科学と関連領域』は，言語の科学そのものに加えて，それに関連する学問との接点を探る試みである．特に，言語の科学は，人間そのものを対象とする心理学，医学，教育学などと深い関連をもつので，それらに関する章が設けられている．

　言語に関わる現象は多岐にわたるが，本叢書の巻構成は言語現象ごとに1ないし2巻をあて，各巻の内容は大筋において独立なので，読者はどの巻からでも読み始めることができる．ただし，第1巻では本叢書の中心的な内容を先取りする形で，そもそも「言語の科学」という課題がなぜ設定されたか，という点について述べているので，まず最初に読むことをお薦めする．

この叢書は，言語学科に学ぶ学生や言語の研究者に限らず，言語に関心をもつ，すべての分野の，すべての年代の人々を読者として企画されたものである．本叢書がきっかけとなって，従来の言語学に何かつかみどころのない点を感じていた理工系志向の読者が言語の科学的研究に興味を示し，その一方で，今まで科学とは縁がないと考えていた人文系志向の読者が言語の研究の科学的側面に関心をもってくれることを期待する．そして，その結果，従来の志向にかかわらず，両者の間に真の対話と共有の場が生まれれば，編集委員としては望外の幸せである．

　　2004 年 4 月

大 津 由 紀 雄
郡 司 隆 男
田 窪 行 則
長 尾 　 真
橋 田 浩 一
益 岡 隆 志
松 本 裕 治

学習の手引き

　本巻は，文を超える言語単位に関わる規則性を取り扱ったものである．言語学では，通常，文を記述や一般化の最大の単位とする．これは，文内で起こる言語現象と，文を超えて起こる言語現象が質的に異なるとする考え方からきている．統語論の規則性は構造的な階層性に基づいてとらえられるのが普通であり，文を超える単位ではこの構造的階層性の概念は適用されない．また，意味論，特に形式意味論では，文の意味は基本的にそれが使用される文脈からきりはなされた形で取り扱われてきた．

　しかし，実際の使用場面では，言語表現は文脈に依存して決まるのであり，われわれが意識できる言語表現の具体的な意味は，使用的意味であるといえる．統語理論などで文法の規則をとり出すときのデータとして文の文法性の判断が使われることがあるが，文の文法性はわれわれが普通に直観に訴えて得られるものではなく，理論と相関して決まるものである．われわれが理論から離れて判断できるのは，文の使用文脈における認容性であり，これには，統語的な規則，意味論的な規則だけではなく，表現された事態がどれくらいありそうなことかといった，世界知識や常識に関わることや，先行文脈や後続文脈とどれくらいつながりがよいかなどが密接に絡まる．また，普通，文の構造的性質によって決まっているとされる現象なども，構成素統御 (c-command) のような階層性のみに関わる現象はともかく，先行関係に関わるような現象では，文内の関係と，文間の関係とを区別できるか否かはそれほど明らかではない．したがって，文の統語論や意味論の研究をする際にも，どこまでが文脈によっているのか，どこまで文脈と独立して考えることができるのかは，一般化にとって非常に大きな要因となる．つまり，言語に関してどのような分野の研究をする場合でも，文の使用文脈に関する知識は必須の要素であり，避けて通ることはできないのである．

　本巻では，文の文字どおりの意味とその使用的解釈の関係，ある文の意味が前後の文とどのように合成されて談話を構成していくのか，文と文をつなぐための意味的関係にはどのようなものがあるのか，談話はどのような構造をして

いるのか，など談話に関する現象と法則を取り扱っている．ここで本巻で使われている用語を説明しておく．特定の文脈で実際にその文を使うことをその文を「発話する」，そのようにして発話された文のトークン(token，それぞれの実例)をその文の「発話」あるいは「発話文」ということにする．つまり，文は単語を統語論の規則にしたがってつらねた抽象的な実体で，聞いたり見たりすることはできないが，発話は，ある時空間を占める具体的な事象であり，その解釈は文脈に依存する．ここでは，発話という用語は書かれた文に対しても使う．したがって，談話に関する研究の対象は，発話，あるいは発話と文の関係である．

　第1章は全体の導入であり，関連性理論と呼ばれる理論の立場から，文脈との関連で発話がどのように解釈されるかを概説している．この理論は文脈と発話理解との関係の非常によい見通しを与えてくれるだけでなく，発話の理解に関する計算理論的アプローチの基礎を与えてくれる．この章は，文と使用的意味との関係，意味論と語用論との関係についての包括的な解説として，次章以降の導入となっている．第2章以下の章を読む際になんども参照していただきたい．

　第2章は，文単位の意味論を談話単位に拡張するためのメカニズムを解説したものである．扱われている理論はDRT(談話表示理論)，メンタル・スペース理論，談話管理理論である．DRTは，文脈における文の意味を文脈を更新する関数としてとらえたもので，基本的には，文の意味に関する真理条件的意味論を談話に拡張したものである．

　メンタル・スペース理論は基本的な記述装置はDRTと類似しているが，言語自体に対するアプローチがかなり異なる．メンタル・スペース理論では，言語表現は直接外界を指示するのではなく，メンタル・スペースと呼ばれる認知的インターフェイスを構築する指令とされる．これには，ある意味では，外界と独立した心・精神を認めてそれと相関して言語表現の意味を決めるという，いわゆる内在主義的な人間観が認められるため，真理条件的，モデル理論的立場をとる研究者からは批判されるかもしれない．しかし，実際には，心的領域は，適切な一般化のレベルの設定と，言語事象との相関という経験的考慮により構成が決められているのであって，この批判はそれほど当たっていない．

　談話管理理論は，実際の対話において，知識の更新をするために必要な操作

が，言語表現の表す指令を実行することによりなされるという仮定を，おもに日本語で検証しようとする試みである．このアプローチは関連性理論でも行われているが，DRT あるいはメンタル・スペース理論に近い形で構成されている点が特徴である．

　第3章は，このような論理意味論的拡張をさらにおしすすめて，談話の構造的性質をとらえようとする試みを紹介したものである．つまり，個々の発話がばらばらな文の羅列ではなく，お互いに関連して談話を構成できるためにはどのような性質が満たされなければならないか，また，談話がまとまった思想や，意味のある対話となるためには発話と発話の間にどのような関係がなければならないかを考える．本章は，発話間の言語表現によるつながりのよさを**結束性**(cohesion)，発話間の意味的なまとまりのよさを**整合性**(coherence)と呼んでいる．結束性は，発話間のつながりのよさを助けるための言語表現に関わる概念である．個々の発話は，前後の文脈との関連でいくらでも解釈の可能性がある．解釈の可能性が収束せず，結束性が低ければ，整合的な解釈に到達するために，文脈を追加する必要が生じる．また，整合性が低い発話連続は，結束しない．このため意味的まとまりを表す概念である整合性と結束性は，かならずしもはっきりと区別できるものではない．本章では，便宜上これらの概念を区別して，結束性を言語表現の機能，整合性を意味関係という形で述べている．この分野は用語の訳語に混乱があり，結束性は「結束構造」「連関性」などと，また「整合性」は「結束性」「首尾一貫性」「連接性」などと訳される場合がある．他の文献を読まれるときは注意されたい．

　また，本章は，従前の談話法に関わる解説と異なり，計算機科学の方面でなされた研究を随時おりまぜて，明示的な規則，表示を示している点で，これからの研究に役にたつはずである．

　第4章は，自然言語処理の立場から談話の理解と産出について解説したものである．おもなテーマとしては対話に関する計算理論的アプローチを取り扱っている．コンピュータと人間による情報のやりとりを扱ったものであるが，そこで得られた知見は人間の対話を理解する際の理論的基礎を提供してくれる．本章は，言語学，日本語学・国語学の研究者，学生にとっても参考になるはずである．

　以上，解説してきたとおり，本巻は，それぞれの章が密接に関連しながら解

説されている．しかも，それぞれの章が，その次の章の導入となり，また前の章の展開となるように構成されている．第1章は全体の導入とまとめを，第4章は全体の発展方向を示す形になっている．

　この手引きの冒頭でも述べたように，これまで，文を超える単位の研究は，規則化が困難であるため，言語科学研究の中心をしめることはなかったといってよいが，計算機科学や論理意味論の発展により，これから明示的な規則を取り出すことが可能になってきた．言語現象は談話の形で現れるわけであり，我々の言語現象の観察は基本的に談話から始まる．文の抽象的な構造を研究する場合にも，文脈における使用的意味を考えることから研究は始まる．また，言語を用いたコミュニケーションを研究対象とする場合は，談話を直接の研究対象としなければならない．言語研究の応用に際しては，談話研究は避けて通れないであろう．これからますます重要性を増す分野であり，この巻が将来の談話研究の基礎的文献となることを期待したい．

　本巻第3章をご執筆いただいた亀山恵氏は，1999年1月ご病気のため逝去された．その時点で第3章の原稿はほぼ完成しており，最後の校正とまとめ，読書案内を田窪が担当した．前年夏以来，術後の療養中であるにもかかわらず，担当部分を完成させてくださった氏に敬意を表し，後進の方々に氏の遺徳をついでいただきたいと切に願う次第である．言語学のみならず，工学，心理学の分野で談話研究のリーダー的存在であった氏を失ったことはあまりにも大きな損失である．我々は氏の残された成果をいっそう発展させるために努力を重ねていくことを誓い，本書を氏の御霊にささげ，御冥福を祈りたい．

目　次

　〈言語の科学〉へのいざない ･････････････････ v
　学習の手引き ･･････････････････････････ ix

1　語用論の基礎概念 ･････････････････････ 1
1.1　意味論と語用論の区別 ･･････････････････ 3
　　(a)　意　味　論 ････････････････････････ 3
　　(b)　語　用　論 ････････････････････････ 4
　　(c)　コミュニケーションと情報伝達 ･････････････ 5
　　(d)　発話解釈の単純なモデル ･･････････････････ 6
　　(e)　文と発話 ･････････････････････････ 7
　　(f)　文の意味と発話の解釈の相違 ･･･････････････ 8
　　(g)　発話解釈とコンテクスト ････････････････ 10
1.2　発話解釈と含意 ･･･････････････････････ 10
　　(a)　命　　　題 ････････････････････････ 10
　　(b)　含　　　意 ････････････････････････ 12
1.3　Grice の理論 ･･････････････････････ 17
　　(a)　コード・モデルと推論モデル ･･････････････ 18
　　(b)　Grice のコミュニケーション理論 ･･･････････ 19
　　(c)　Grice の枠組み ････････････････････ 19
　　(d)　会話推意 ････････････････････････ 22
　　(e)　会話推意の諸特徴とその問題点 ･･･････････ 26
　　(f)　Grice の格率に内在する問題 ･･･････････････ 29
　　(g)　Grice による修辞表現の扱いとその問題点 ･･････ 30
　　(h)　規約的推意 ････････････････････････ 32
1.4　関連性理論によるアプローチ ･･････････････ 35
　　(a)　関連性理論 ････････････････････････ 35
　　(b)　最大の関連性と最適の関連性 ･･････････････ 37
　　(c)　表　　　意 ････････････････････････ 40
　　(d)　高次表意 ･････････････････････････ 47
　　(e)　推　　　意 ････････････････････････ 49

(f)　概念的意味と手続き的意味 ・・・・・・・・・・・・・・・ 50
　第1章のまとめ ・・・・・・・・・・・・・・・・・・・・・・・・・ 54

2　談話の意味表示 ・・・・・・・・・・・・・・・・・・・・・・ 55
　2.1　文の意味解釈から談話の意味解釈へ ・・・・・・ 57
　2.2　談話の中における文の意味解釈 ・・・・・・・・・ 60
　2.3　談話表示理論 ・・・・・・・・・・・・・・・・・・・・・・・ 62
　　　(a)　談話表示理論の基本的枠組み ・・・・・・・・・・・・ 62
　　　(b)　談話表示理論によるテンス・アスペクト形式の説明 ・ 68
　2.4　E-タイプ・アプローチ ・・・・・・・・・・・・・・・・ 73
　2.5　メンタル・スペース理論 ・・・・・・・・・・・・・・ 77
　2.6　談話管理理論 ・・・・・・・・・・・・・・・・・・・・・・・ 84
　第2章のまとめ ・・・・・・・・・・・・・・・・・・・・・・・・・ 91

3　談話分析: 整合性と結束性 ・・・・・・・・・・・・・ 93
　3.1　談話分析の基本概念 ・・・・・・・・・・・・・・・・・・ 95
　　　(a)　文のコンテクスト依存性 ・・・・・・・・・・・・・・ 95
　　　(b)　単純列としての談話 ・・・・・・・・・・・・・・・・・ 96
　　　(c)　整合性と結束性 ・・・・・・・・・・・・・・・・・・・・ 97
　　　(d)　談話情報 ・・・・・・・・・・・・・・・・・・・・・・・・ 97
　　　(e)　談話の言語単位 ・・・・・・・・・・・・・・・・・・・・ 98
　3.2　整合性 ・・・・・・・・・・・・・・・・・・・・・・・・・・・・ 99
　3.3　結束性 ・・・・・・・・・・・・・・・・・・・・・・・・・・・ 101
　　　(a)　結束表現 ・・・・・・・・・・・・・・・・・・・・・・・・ 101
　　　(b)　結束法 ・・・・・・・・・・・・・・・・・・・・・・・・・・ 104
　　　(c)　局所性 ・・・・・・・・・・・・・・・・・・・・・・・・・・ 107
　3.4　整合関係 ・・・・・・・・・・・・・・・・・・・・・・・・・ 108
　　　(a)　整合関係の理論的整理に向けて ・・・・・・・・・・ 109
　　　(b)　整合関係から生じる談話構造 ・・・・・・・・・・・ 114
　3.5　新聞記事の分析例 ・・・・・・・・・・・・・・・・・・・ 117
　3.6　談話と文の境界: 総合的言語理論へ向けて ・・・ 119

| 第3章のまとめ ··············· *120*
4 対話の計算論的モデル ········ *123*
4.1 なぜ計算論的アプローチか ······ *125*
4.2 質問応答システムとその限界 ····· *126*
4.3 伝達意図の諸相 ············ *131*
 (a) 伝達意図の特徴 ·········· *132*
 (b) 言語行為と行為の構造 ······· *134*
 (c) 目標状態としての共有信念 ····· *135*
4.4 対話のプランニングモデル ······ *138*
 (a) 信念・知識・意図 ········· *138*
 (b) 行　為 ··············· *141*
 (c) プラン ·············· *145*
 (d) プラン推論 ············ *147*
 (e) 対話とプラン推論 ········· *153*
4.5 対話の計算モデルの今後の方向 ··· *161*
 第4章のまとめ ··············· *162*

用 語 解 説 ·················· *165*
読 書 案 内 ·················· *167*
参 考 文 献 ·················· *173*
索　　　引 ·················· *181*

1
語用論の基礎概念

【本章の課題】

　本章の目的は，語用論上の諸概念のうちもっとも基本的なものを解説することにある．ひとくちに**語用論**(pragmatics)といっても，Gazdar(1979)のような形式的アプローチ，Leech(1983)のような社会・文化的アプローチ，Sperber & Wilson(1986)のような認知的アプローチ，とさまざまなアプローチがある．ここでは，語用論モデルとして，今日もっとも注目を浴びているSperberとWilsonのアプローチ(これは「関連性理論」と呼ばれる)を念頭におき，この理論の立場から，語用論上の重要な概念を整理し，再解釈することを試みる．この再解釈を通して，現代における語用論の概観を得ると同時に，従来の語用論に内在する問題点の指摘をも合わせておこなう．

　語用論は，話し手が発話に託したメッセージを聞き手がいかにして解釈するか，という問題を扱う．ひとくちに話し手のメッセージといっても，中身は等質的ではない．そこには話し手が文を用いて言わんとしている内容ばかりでなく，その内容に対する話し手の心的態度，さらには暗に示唆している別の情報など多様なものが含まれる．ではそれらは，文の言語的意味といかなる関係があり，聞き手はそれらの情報をいかにして把握するのであろうか．

　発話解釈に際して，コンテクスト情報が重要な役割を果たすことはいうまでもないが，そもそもコンテクストとは何であろうか．コンテクスト情報には，視覚，聴覚，触覚などによる環境の知覚，記憶や世界についての一般的知識や信念といったおよそ人間のもつあらゆる知識が含まれているであろうが，発話解釈において現実に使用するコンテクスト情報はそれらのうちのごくわずかなものでしかない．では，聞き手は，いかなる基準で現実のコンテクスト情報を選択するのであろうか．また，発話解釈において，聞き手の推論能力はどのように効いてくるであろうか．そこに一般的な法則や制約があるのであろうか．

　本章では，こういった問題を具体例に基づいて検討することを通して，言葉によるコミュニケーションの本質に迫りたい．

1.1 意味論と語用論の区別

　語用論は，隣接分野である**意味論**(semantics)と対比させられる．実際，意味論と語用論のあいだでは，これまで，互いの守備範囲をめぐる論争が生じたこともすくなくない．また，両者は隣接分野であるだけに，片方の理論の変遷が，他方の理論に影響を与えることもありうるし，事実そうであった．そこで，語用論について述べる前に，まず，意味論について簡単に触れておくことが必要であろう．

（a）意味論

　日常，「意味」という語は，多様な仕方で用いられ，意味を研究対象とする学問である「意味論」(semantics)という術語も，言語学者，哲学者，論理学者，あるいは記号論学者によって少しずつ異なった意味で用いられるが，本章では，「意味論」を一貫して「言語学的意味論」(linguistic semantics)の意味で用いる．言語学的意味論においては「意味」は，＜語，句，文といった言語表現それ自体が言語内でもつ意味＞を表す．そこでは，言語表現が使用されるコンテクスト（文脈）にまつわる諸要因を考慮外とする．このような＜意味＞を説明するモデルは文法の一部門をなすといわれる．

　たとえば，日本語の母国語話者であれば，(1)～(6)の事実を知っているはずである．
(1) 「花子の一番好きな作曲家が最近，変わった」は曖昧である．
　　i. 花子の一番好きな作曲家，クルタークの容貌・性格などが最近，変貌した．
　　ii. 花子は，以前ショパンが一番好きであったが，最近，バッハが好きになった．
(2) 「太郎は，かゆいにおいのする前置詞を食べた」は変則な(奇異な)文である．
(3) 「洋子は未亡人であるが，結婚したことがない」は矛盾文である．
(4) 「太郎は昨夜，洋子を庭で殺した」は「洋子が昨夜，庭で死んだ」を含意する．

(5) 「太郎は洋子の夫をぶった」は「洋子は結婚している」を前提とする．
(6) 「幹事はあの男だ」は「あの男が幹事だ」と同義である．

これらは，日本語の統語論と無縁ではないものの，統語論に固有の事実とはいえず，むしろ意味論的事実である，とみなされている．ある言語に属する文の数は無限個存在するだけに，この種の意味論的事実は無限個あり，列挙し尽くすわけにはいかない．このことは，文法の一部門である意味論には，＜任意の言語表現について，それにまつわる意味論的事実を説明しかつ予測できる装置＞が含まれていることを示唆する．

そのような意味論のモデルとしてこれまで，さまざまな仮説が提案され，多くの議論がなされてきたが，いまだ確立されたモデルといえるようなものは得られていない．本章で，この点の詳細に立ち入る余裕はない．ここでは，意味論にたいしていかなるモデルを仮定するにせよ，妥当な意味論は，すくなくとも次の五つの条件を満たしていなければならないことを指摘するに留める．

(7) a. それは，文を構成している語の意味が文全体の意味にいかに投影しているかを明示できるものでなければならない．
b. それは，文法のなかでの意味論の位置づけはいかなるものか，とりわけ，文の意味表示と文の統語論的構造との関係を明示するものでなければならない．
c. それは，任意の言語表現について意味表示を与えることができなければならない．
d. それは，人間言語にとって可能な意味表示にたいする制約を述べるものでなければならない．
e. それは，「変則性」「曖昧性」「冗長性」「矛盾性」といった意味性質や，「含意」「前提」「同義性」といった意味関係をも説明・予測できるものでなければならない．

(b) 語用論

言語表現，たとえば文は，具体的な状況のもとで発話として使用されうる．発話は，多くのばあい，コミュニケーションのために使用されうる．もちろん，発話がつねに，コミュニケーションのために使用されるわけではない．Chomsky (1975) が指摘しているように，発話は，発声練習，マイクのテスト，

あるいは会話において気詰まりな沈黙を破るため，詩作をするため，独り言のため，さらには，自分自身の思考を明確化するために用いられうる．このようなばあい，言語は正常に用いられているが，相手にメッセージを伝えるという意味でのコミュニケーションの機能は果たしていない．このような場合を別にすれば，発話は聞き手になんらかのメッセージを伝えるために使用されるのが普通である．

このばあい，聞き手は，発話を解釈するわけであるが，聞き手による**発話解釈**(utterance interpretation)がまったく勝手気ままに，場当たり的に行われているのではないことは容易に想像できよう．事実，話し手は自分の発話が，聞き手によってある一定の仕方で解釈されることを予想して，一定の言葉を選び，それを口にしているはずである．では，聞き手による発話解釈のメカニズムはいかなるものであろうか．実はこの問いに答えること，つまり，聞き手の有する発話解釈能力を説明することこそが語用論の課題である．

(c) コミュニケーションと情報伝達

まず，「コミュニケーション」という術語について一，二，注意しておく必要がある．日常，「コミュニケーション」という語はきわめてルースに用いられている．多くのばあい，この語は，「情報伝達」という語と区別されずに用いられるが，厳密には両者は別物である．たとえば，乳幼児の腕にできた赤い斑点は，この子がハシカにかかっているという情報を伝えるかもしれないが，誰もこれをコミュニケーションとは考えないであろう．ここでの問題は，情報の発信者が人間であるかどうかとか，言葉を用いているかどうかにあるのではなく，その情報が，発信者による意図的なものであるか，それとも発信者がコントロールできない，偶然的なものであるかという点である．言葉を用いた情報伝達であっても，それが「コミュニケーション」といえるかどうか疑わしいばあいもある．たとえば，大阪アクセントでしゃべっている人の発話は，聞き手に，「この話し手は大阪出身のひとだ」という情報を伝達するかもしれない．また，ある人が喉が痛いときにしゃべれば，聞き手に，「この話し手は風邪をひいている」という情報を伝達するかもしれない．しかし，これらの情報は，話し手が相手に伝えようと意図していない，いわば偶然的に伝わった情報であり，通常「コミュニケーション」とは呼ばない．

では，話し手が意図していた情報が相手に伝わりさえすれば，それはつねにコミュニケーションといえるであろうか．たとえば，話し手は，実際はたいへん憤慨しているにもかかわらず，冷静さを装い，「自分は憤慨していない」ということを相手に伝えるために，あえて静かな口調で話をしたとしよう．このばあい，＜話し手は「自分は憤慨していない」ということを伝えようとしているのだ＞という話し手の意図までが相手に察知されては台無しである．話し手の肝心の意図は隠されたままでなければならないのである．このような情報伝達は**非明示的な情報伝達**(covert information transmission)と呼ばれる．

しかし，多くの発話は，話し手には伝達意図があり，かつその意図の存在を話し手・聞き手にとって相互に明示的にすることを意図しているものである．たとえば，対話(8)

(8) a. 花子: 試験どうだった？
    b. 太郎: 見事パスしたよ．

において，太郎の発話「見事パスしたよ」は，単に「試験に見事パスした」というメッセージを花子に伝えるだけではなく，＜太郎は「試験に見事パスした」ということを花子に伝えようと意図している＞という話し手の意図まで花子に隠さずに伝えているはずである．これは，**意図明示的な情報伝達**(overt information transmission)と呼ばれる．人間のコミュニケーション能力の独自性と本質をこの点に見て取ったのは，言語哲学者 Paul Grice であった．Grice によれば，意図明示的な情報伝達は，他の情報伝達のケースとは異なり，それ独自の認知メカニズムによって支配されており，それにたいする独特の説明原理が存在する，とされた．関連性理論も，基本的にはこの立場を継承している．以下，特に断わらないかぎり，「コミュニケーション」という術語で「意図明示的な情報伝達」を指すことにする（これらの情報伝達の区別について，さらに詳しくは，Sperber & Wilson (1986) ch.1 を参照).

(d) 発話解釈の単純なモデル

発話を解釈するためには，聞き手の側で，すくなくとも，発話として用いられた文の属する言語にかんする文法的知識がなければならない．たとえば，スワヒリ語を知らない者にとって，スワヒリ語で話された発話を解釈することが不可能なのは当然であろう．発話解釈にとって，そこで使用された文の言語的

意味を理解することがとりわけ不可欠なのである．そこから，次のような単純な考えが出てくるかもしれない．

(9) 聞き手による発話解釈とは，発話で用いられた文の意味表示を聞き手側で復元することにほかならない．

もし(9)が正しければ，意味論とは別にあえて語用論というメカニズムを考える必要はないことになる．ところが，(9)は成立しない．なぜなら，話し手は，伝えようとする自分のメッセージをそのまま文の形に載せ，それを聞き手が解読しているのではないからである．この点を少し詳しく見てみよう．

(e) 文と発話

まず，文と発話の区別を明確にしておこう．ここで言う文とは，**文-タイプ**(sentence-type)のことであって，文の具体的な(聴覚的・視覚的)現れである**文-トークン**(sentence-token)ではない．(文-タイプとしての)文は，時間・空間的な対象，つまり，自然的対象(natural object)ではなく，抽象的な対象である．たとえば，「今日は雨降りです」という日本語の文そのものは色も臭いも重さも大きさもなく，テーブルの上に置かれうるような対象でもない．また，「1978年元日の朝9時における文」という言い方が奇妙であることからも分かるように時間的な対象でもない．さらに，「わたくしが有している文」という言い方がナンセンスであることからも分かるように，文は誰のものでもない．また，文は自然的対象でないゆえ，文に対して因果法則が働くことはありえない．文法は，そのような抽象的な文の構造についての理論である．文法の下位部門である意味論は文の意味にかかわる構造についての理論であり，それが，本節(a)で見た意味論的事実を説明するのである．

ノートに書かれたインクの痕跡や黒板の上のチョークの痕跡は，物理的対象であって，文-タイプではなく，文-トークンである．文-トークンは，時間・空間的対象であり，色やサイズをもちうるし，また消しゴムや黒板消しで容易に消すこともできる．同様に，発話も，文の聴覚的な現れであるから，文-トークンの一種である．それは，時間・空間的対象であり，1回かぎりのかけがえのない出来事であり，特定の話し手に属する．したがって，たとえば，「昨日の総理官邸における小渕恵三首相の発話」という言い方はすこしも奇妙ではない．文法が問題にするのは文-タイプであるのにたいして，語用論が問題にす

るのは「発話」という文-トークンである．このように，文と発話とはその存在論的地位が異なり，したがって，文の意味と発話の解釈とは異質であることもわかる．

(f) 文の意味と発話の解釈の相違

文の意味と発話にたいする解釈のあいだにギャップがあることは次の諸例を考えれば明らかである．まず，(10)は，文としては，(i)＜無いものについて，それはないという性質を持つ＞という読みと，(ii)＜なんでもある＞という読みがあり，曖昧である．

(10) 無いものはないよ．

ところが(11)(12)におけるこの文の発話は曖昧ではなく，いずれかに解釈されるであろう．

(11) 花子：これだけ探しても，あの本がどうしても見つからないわ．
太郎：仕方がないさ．無いものはないよ．新しいのを買おうよ．

(12) 店の呼び込み：さあ，いらっしゃい，いらっしゃい！ 無いものはないよ．

こんどは，(13)と(14)を比べてみよう．

(13) Paul sold Sam his car because he didn't want it.

(14) Paul sold Sam his car because he needed it.

(13)も(14)も文法的には，his や he の先行詞は，Paul, Sam, あるいは第三者の男性のいずれでも表しうるが，これらの文の発話にたいする自然な解釈は，(13)については Paul，(14)については Sam であることは明らかであろう．さらに次の文を見よう．

(15) 太郎はその部屋のドアを開けた．テーブルにはご馳走がいっぱい並んでいた．

(15)の発話の聞き手は誰でも，第二の文における「テーブル」は「太郎がドアを開けた部屋にあるテーブル」と解釈するであろう．しかし，第二の文の意味自体にそのような情報が含まれているわけではない．状況次第では，太郎がドアを開けた部屋から見通せる，隣のビルの部屋に肝心のテーブルがあったかもしれないのである．こんどは次の文を見よう．

(16) 12月3日，朝7時，太郎は軽井沢の別荘を後にして，東京に向かっ

た．関越自動車道に入ったとき，太郎は，ストーブの火を消さなかったことに気づいた．

(17) a. ここでいうストーブは，太郎の軽井沢の別荘のストーブである．
b. ストーブの火を消さなかった時は，12月3日，朝7時直前である．

(16)を聞いた者は誰でも，(17)を読みとるであろう．しかし，(16)の第二の文の言語的意味に，(17)のような特定の情報が含まれているわけではない．(16)の第二の文は文自体としては，＜太郎は，過去のある時点において，ストーブの火を消さなかったことに気づいた＞と述べているだけである．ここにも，文の意味と発話解釈とのギャップを見て取ることができよう．

こんどは，次の対話を見よう．

(18) a. 太郎：この秋，国際会議を開くのだけれども，あの部屋はどうかな？
b. 花子：狭すぎるわよ．

(18b)の花子の発話は，「この秋開催する国際会議の会場としては，この部屋は狭い」を言おうとしていることは，聞き手(太郎)にはすぐ理解できるであろう．もちろん，(18b)という文自体にはそのような読みはいっさいない．さらに，(19)のような文は使用状況次第で，＜脅し＞であったり，＜約束＞であったり，＜宣言＞であったり，単なる＜陳述＞であったりするであろう．

(19) 田中は，明日かならずここへ来る．

しかし，これは，この文の話し手の心的態度を聞き手が解釈した結果であって，(19)の文自体にこのような意味が存在するわけではない．さらに，発話解釈には，これまで見てきたものとは別種のタイプの読みもある．次の対話を見てみよう．

(20) a. 妻：あら，あなた，今日，出かけるの？
b. 夫：どうして，ぼくが，背広を着て，カバンを手にしていると思うんだよ．

(20b)の発話を聞いた妻は，夫は(21)を言わんとしていると解釈するであろう．

(21) ぼくは，もちろん出かけるよ．

(21)は，文の形式・意味両面からいって，(20b)と無縁である．このように，発話解釈には，その発話で用いられた文の意味には存在しない多様な情報が含

まれるのである．

(g) 発話解釈とコンテクスト

上の諸事実は，発話解釈には，文の意味だけではなく，そもそも，直前にいかなる発話がおこなわれたか，使用状況がいかなるものであるか，話し手は誰であるか，話し手・聞き手の社会・文化・自然にかんする知識や信念はいかなるものか，聞き手がたまたま有している知識や信念はなにか，といったコンテクストにまつわる多様な要因が大きく影響している，ということを示唆している．そこで，語用論上の重要な課題は，＜聞き手がいかにしてコンテクスト上の要因を考慮して，妥当な解釈に到達するのか＞を一般的に説明することである．とくにやっかいな問題は，発話解釈で効いてくるコンテクスト情報をいかに選択するか，という点である．なぜなら，実際の発話解釈に際して，コンテクストの役割を果たしているのは，話し手・聞き手の有している知識や信念のすべてではなく，そのごく一部にすぎないからである．そればかりではない．聞き手が正しいと信じていない仮定をも，話し手が意図しているコンテクストとして選択せざるをえないばあいも生じるのである．この点については 1.4 節 (e) でも触れるが，ここでは，妥当な語用理論は，＜話し手が意図したコンテクストにかかわる仮定を，聞き手はいかにして選択するか＞をも説明しなければならない，ということを注意するに留める．

1.2 発話解釈と含意

本節では，発話解釈の理論にとってもっとも基本的な単位である「命題」および，それらの関係である「含意」という概念について述べる．

(a) 命　題

語用論では，しばしば，「ある発話はしかじかの命題を表す」という言い方をするが，このときの**命題**(proposition)とは何であろうか．「命題」とは狭義の意味では，それについて「真である」「偽である」という論理的述語が帰されるべき対象をいう．そして，「矛盾している」とか「含意している」という論理的関係が成立するのは，命題同士のあいだである，ともされる．注意すべき

は，命題は，その発話で用いられた文の言語的意味とは別ものである，という点である．文は，(10)のごとく言語的意味は曖昧でありうる．(10)についてその真・偽を問題にするためには，つまり命題を定めるためには，このような意味上の曖昧性を除去しておかなければならないであろう．

さらに次の例を見よう．

(22) あなたは，わたくしを昨日ぶった．

この文は，＜発話日の前日，聞き手が話し手にたいして，ぶつという行為をした＞という意味を表し，曖昧ではない．ところが，「あなた」や「わたくし」でもって誰を指すのか，昨日とはいつのことか，などが確定されないかぎり，(22)自体について真・偽を問うことはできない．要するに，(22)のように曖昧でない文が発話されても，状況に応じて，異なった命題を表すのである．逆に，異なった文の発話であっても，同じ命題を表すこともありうる．たとえば，(23)は(22)とあきらかに文の意味が異なる．

(23) ぼくは，君を一昨日ぶった．

しかし，(22)を，花子が太郎に向かって1998年7月3日に発話したときに表す命題は

(24) ≪太郎は，1998年7月2日，花子をぶった≫

であろうが（≪ ≫は命題を表す），この同じ命題は，太郎が花子に向かって1998年7月4日に(23)を発話することによっても表すことができよう．

ここで命題に関していくつか注意すべきことがある．第一に，命題は，文のような言語表現と異なり，特定言語に結びついていない，という点である．花子が太郎に向かって1998年7月3日に(25)を口にしても，やはり命題(24)を表しうるであろう．

(25) You hit me yesterday.

第二に注意すべきことは，命題は，言明(statement)とか断定(assertion)といった**発話の力**(illocutionary force)とは結びついていない，という点である．たとえば，われわれは，ある命題について考えたり，いぶかったりすることができるが，そのことは，命題なるものが言明や断定のような言語行為と無縁であることを示している．さらに，花子が太郎に向かって1998年7月3日に(26)を発話したとしよう．

(26) この傷から推察すると，あなたが，わたくしを昨日ぶったか，それと

も，わたくしが酔っぱらって転んだかのいずれかのようだわ．
この発話における「あなたが，わたくしを昨日ぶった」は，(24)という命題を表していることは事実であるが，この発話において，「太郎は，1998年7月2日，花子をぶった」ということを話し手(花子)は断定しているわけでも言明しているわけでもない．

さて，語用論で「ある発話はしかじかの命題を表す」というときの「命題」は，上で述べてきた「真・偽を帰すことができる対象」よりもさらに限定的であり，**発話の表出命題**(proposition expressed by the utterance)を指すことが多い．発話の表出命題は，単に，文の曖昧性を除去し，指示表現にしかるべき指示対象を与えることで得られるものではない．1.1節(f)で挙げた(18)の例を思い起こそう．この対話において，(18b)の花子の発話が表している命題は，「この秋開催する国際会議の会場としては，この部屋は狭い」であったが，このような命題は，(18b)の文の曖昧性を除去し，指示表現にしかるべき指示対象を与えるという方法では得られないものである．これは，コンテクストを参照して，省略している要素を補充し，必要な情報を付加し，(18b)の文の意味を膨らませたものである．関連性理論では，この操作は，「拡充」と呼ばれる．1.4節で見るように，発話の表出命題という概念は，発話解釈に重要な役割を果たす．

(b) 含　意

上で，真理値を担っているものが文ではなくて，命題であることを確認したが，次に注目すべきものは，命題と命題の関係を表す**含意**(implication)という概念である．やっかいなことに，「含意」という術語は，日常，コンテクストによって微妙に異なる意味で用いられる．この概念を明確に理解しておくことは，意味論と語用論の相違面をあきらかにすると同時に，両者の密接な関係をもあきらかにすることに寄与するであろう．「含意」には，すくなくとも，大別して，論理的含意，意味論的含意，語用論的含意の三つがある．まず，もっとも簡単な論理的含意から見ていくことにしよう．

(I) 論理的含意

論理的含意(logical implication)の概念は，論理学で登場するものなので，よ

く知られているが，次のように定義できる．

(27) 命題 P が命題 Q を論理的に含意するとは，P が真のとき，必然的に Q も真になるとき，そしてそのときに限る．

(27) は結局，「命題 P が命題 Q を論理的に含意するときには，P が真でかつ，Q が偽ということは不可能である」を意味する．これはあくまで，ふたつの命題間の推論の妥当性を問題にするのであって，個々の命題の真・偽を問題にするのではない．したがって，

(28) a. 日本の首都は香港であり，かつ，橋本龍太郎はペルーの大統領である．
　　　b. 橋本龍太郎はペルーの大統領である．

(28a) の表す命題は，(28b) の表す命題を論理的に含意する．いうまでもなく，(28a) も (28b) も事実に反し，偽であるが，そのことは，(28a) と (28b) のあいだの論理的含意関係にはなんら影響を与えない．同様の理由で，(29a) も (29b) を論理的に含意する．

(29) a. もし日本の首都が東京であるならば，三角形の内角の和は 140 度である．そして，日本の首都は東京である．
　　　b. 三角形の内角の和は 140 度である．

(28) は，(30) のような演繹規則(連言–削除の規則)の適用例とされ，また，(29) は，(31) のような演繹規則(モードウス・ポネンス Modus Ponens)の適用例とされる．

(30) 　P かつ Q |- Q
(31) 　もし P ならば Q，そして P |- Q

このような例を見るかぎり，「論理的含意の関係」つまり，「論理的に妥当な推論」という概念は，きわめて人工的であり，およそ日常の発話解釈にとって無縁であるように思われるかもしれないが，けっしてそうではない．次の例を見よう．

(32) a. 良子：お母さん，機嫌いいかしら？
　　　b. 花子：洋子が元気であれば，お母さんは機嫌がいいわ．そして，洋子は元気よ．

(32b) の花子の発話は，(32a) の良子の問いにたいして，実質的には「ハイ」と肯定的に答えていることは直観的にもあきらかである．しかし，(32b) の発話

をこのように解釈するとき，聞き手(良子)は，暗黙のうちに，(31)の演繹規則を用いて「洋子のお母さんは機嫌がいい」を導出しているのである．つまり，花子の発話は，そのままでは，良子の問いに答えていないものの，その論理的含意が答えを構成しているわけである．このように，日常の発話解釈においても，論理的含意関係は重要な役割を果たしているわけである．

　ただ注意すべきは，論理学で規定されているあらゆるタイプの演繹規則が，日常の発話解釈において使用されているわけではない，という点である．よく知られているように，(33)は「選言導入」と呼ばれる演繹規則である．

(33)　P |- P または Q

これは，(34a)から(34b)への推論の妥当性を説明するものである．

(34)　a. 母は台所にいる．
　　　　b. 母は台所いるか，または，母は寝室にいる．

しかし，日常の発話解釈において，(33)の規則が用いられるケースはまずないであろう．このことは，日常の発話解釈においては，論理的含意関係のうち限定されたタイプのものしか使用されていないことを示唆している．

(II) 意味論的含意

　(27)で見たように，「PがQを論理的に含意する」とは，「Pが真でかつQが偽ということは不可能である」ということであった．では，(35a)と(35b)の関係はどうであろうか．

(35)　a. 洋子は未亡人である．
　　　　b. 洋子の夫は死んでいる．

(35a)が真でありながら，(35b)が偽ということはありえない．したがって，これも論理的に含意のケースだ，といってもよいかもしれない．ただ，ここでは，日本語の「未亡人」「夫」「死んでいる」などの言語的意味が本質的に効いているという点に注意すべきである．つまり，「(35a)が(35b)を論理的に含意する」といえるとしても，その理由はあくまで日本語の各表現の意味に依拠しているのである．

　それにたいして，(28)(29)における「論理的含意」のケースは，(30)や(31)のような演繹規則によって保証されているのであった．「PかつQ」「もしPならばQ」のような語は**論理語**(logical word)とよばれ，「未亡人」「夫」「死んで

いる」のような実質的な意味内容をもった記述語から区別されている．そこで，ここでは，(28)(29)のような，論理語にかかわる演繹規則だけに依存する「論理的含意」から区別して，(35a)と(35b)の関係を**意味論的含意**(entailment)と呼ぶことにしよう．次例の(a)(b)の関係は，いずれも，意味論的含意のケースである．

(36) a. 洋子を殺したのはあの男だ．
b. 洋子は殺された．
(37) a. 正夫は，その本を燃やした．
b. その本が燃えた．
(38) a. 太郎はビールは嫌いでない．
b. 太郎はすべての酒が嫌いというわけではない．
(39) a. 佐知子は産婦人科医と喧嘩した．
b. 佐知子は医者と喧嘩した．
(40) a. 太郎は洋子を説得して病院へ行かせた．
b. 洋子は病院へ行った．

意味論的含意関係を一般的に説明・予測する仕事は，論理学の仕事ではなくて，1.1節(a)で述べたように，言語学的意味論の仕事である．発話解釈において，意味論的含意関係はしばしば重要な役割を果たしている．次の対話を見よう．

(41) a. 良子：洋子は病院へ行ったかしら？
b. 花子：太郎が洋子を説得して病院へ行かせたわ．

(41b)における花子の発話は，(41a)の良子の問いにたいして，実質的には肯定的に答えていることはあきらかであろう．しかし，(41b)の発話をこのように解釈するとき，聞き手(良子)は，暗黙のうちに，(40)の意味論的含意関係を用いて「洋子は病院へ行った」を導出しているのである．つまり，花子の発話は，そのままでは，良子の問いに答えていないものの，その意味論的含意が答えを構成しているわけである．次の例も同様である．

(42) a. 正夫：君は酒はすべて嫌いか．
b. 太郎：ぼくは，ビールは嫌いでないよ．

このように，発話解釈において意味論含意関係は重要な役割を果たしているわけである．

(III) 文脈的含意

命題と命題の含意関係がコンテクストに依拠して決まるものがある．これは**語用論的含意**(pragmatic implication)と呼ばれる．語用論的含意にも，さまざまなタイプのものがあるが，ここでは，発話解釈において，もっとも重要な役割を果たす**文脈的含意**(contextual implication)という概念を見ておこう．今，発話のコンテクストが命題の集合 $C_1, \cdots, C_n$ からなるとしたとき，「文脈的含意」という概念は，より正確には次のように定義できる．(Sperber & Wilson 1986:107 参照)

(43) コンテクスト $C_1, \cdots, C_n$ において，命題 P が命題 Q を文脈的に含意するとは，次の3条件のいずれもが満たされているとき，そしてそのときにかぎる．

a. P は Q を論理的にも意味論的にも含意しない．
b. $C_1, \cdots, C_n$ は Q を論理的にも意味論的にも含意しない．
c. P と $C_1, \cdots, C_n$ の連言が Q を論理的もしくは意味論的に含意する．

これを具体例で説明してみよう．

(44) a. 太郎: 今晩，一緒にコンサートに行かない？
b. 洋子: 明日，論理学演習の試験があるの．

この対話において，(44b)の発話の表出命題はおおむね，(45)である．

(45) 洋子は，明日，論理学演習の試験を受ける．

洋子の応答を聞いた太郎は，(46)と解釈するのが普通であろう．

(46) 洋子は，今晩，コンサートに太郎と一緒に行かない．

なぜだろうか．太郎は(47)のようなコンテクスト情報を念頭においているからである．

(47) a. 洋子は論理学演習の試験に合格したいと思っている．
b. 論理学演習の試験に合格するためには，相当の準備が必要だ．
c. 論理学演習試験の前日は準備で忙しくて，とても暇な時間がない．
d. もしコンサートに行くならば，相当の時間がとられてしまう．
e. 論理学演習試験の前日に時間がとられると，準備ができなくなる．

このばあい，(45)を P, (46)を Q, (47)を $C_1, \cdots, C_5$ と置くならば，まさに，「文脈的含意」の定義(43)のすべての条件を満たしている．なぜなら，(45)自体は(46)を論理的にも意味論的にも含意しないし，(47)自体も(46)を論理的に

も意味論的にも含意しないのにたいして，(45)と(47)の連言は，(46)を論理的に含意するからである．したがって，(45)は(46)を文脈的に含意しているわけである．ということは，(47)の条件のうちひとつでも満たされていなければ，(45)と(46)のあいだの文脈的含意関係は成立しないのである．たとえば，「洋子は論理学演習の試験の前日はむしろコンサートに行く方が試験はうまく行く」というようなコンテクストを仮定するならば，(44b)における洋子の発話は，太郎の問いに肯定的に応答していると，解釈されるであろう．要するに，(44b)における洋子の発話は，そのままでは，(44a)の太郎の問いに答えていないものの，その文脈的含意が答えを構成しているわけである．

こんどは，次のケースを考えよう．

(48) a. 田中: 君，ぼくの最新の小説を読んだかね．
b. 佐藤: ぼくはね，二流の作家のものは読まない主義でね．

(48b)の発話を聞いて，田中は，

(49) 佐藤は田中の最新の小説を読んでいない．

と，解釈するのが自然であろう．この解釈ができるということは，田中は，

(50) 田中は二流の作家である．

をコンテクストとしてみなしていることを示す．発話(48b)の表出命題は(51)である．

(51) 佐藤は，二流の作家のものは読まない主義である．

もし(50)のようなコンテクストを仮定するならば，(51)は(49)を文脈的に含意することはあきらかである．ここでも，文脈的含意が発話解釈に重要な役割を果たしているケースを見てとることができる．このように，「文脈的含意」という概念は，語用論においてきわめて重要な役割を果たす概念である．1.4節で述べるように，この概念はまた，関連性理論における「関連性」という概念を規定する際にも本質的に効いてくるのである．

1.3 Grice の理論

前節で，聞き手が発話を解釈するということは，単にそこで用いられた文の意味を把握することだけではなく，話し手がその文を用いて聞き手に伝えようと意図したメッセージを，コンテクストを参照にしながら，推論によって把握

しなければならないこと，そして，このような発話解釈のモデルを探究することこそ語用論の中心課題であることを述べた．この観点から語用論モデルを開発した先駆者は H. P. Grice である．Grice は，1967 年，Harvard 大学の William James 記念講演において，"Logic and conversation" というタイトルの講義をおこなったが，そこで語用理論にたいする革命的な考えを表明したとみなされている．この内容は後に，Grice(1975, 1989) として刊行されている．本節では，Grice の理論の要点を述べ，その意義と同時に問題点を指摘しておこう．

(a) コード・モデルと推論モデル

コミュニケーションにたいする Grice 以前の考えは，おおむね(52)のような図でとらえられるものであった．

(52)　　思考内容　─コード化→　発話　─コード解読→　思考内容の復元
　　　　（メッセージ）　　　　　　（記号）

つまり，話し手はまず，ある思考内容(thought)を抱き，これを発話としてコード化する．聞き手はその発話のコード解読をおこない，話し手の思考内容を復元していく，というものである．コミュニケーションにたいするこのような考えは**コードモデル**(code model)と呼ばれる．これは，語用論を文法の延長線上で考え，「文法的コード」とのアナロジーで「語用論的コード」を想定するものである．このモデルでは，コミュニケーションが可能であるのは，人間がそのような語用論的コードを身につけているからである，とされる．

Grice の考えはこれとはまったく別である．Grice によれば，コミュニケーションは，あくまで，人間の意図的な行動，つまり行為である，とされる．意図と行為との関係は恣意的な規則で対にされているような性質のものではない．言語的であれ，非言語的であれ，ある行為が与えられると，その背後にある意図を推し量ることは，普通の知性の持ち主であれば，誰でも可能である．言語コミュニケーションにおいて，話し手がある思考内容をもち，それを聞き手に伝えようと意図してある言葉を口にする．聞き手は，その発話という行為の背後にある話し手の伝達意図について，仮説をたて，もっとも正しいと思われるものを推測していくのである．発話という行為は，話し手の伝達意図について

聞き手が仮説をたてやすいように、話し手側からいわば手がかりを提供している、ということができる。コミュニケーション理論は、話し手の伝達意図の推測を聞き手側で可能にさせる原理を探究するものである。コミュニケーションにたいするこのような考えは**推論モデル**(inferential model)と呼ばれる。1.4節で述べる関連性理論も Grice の推論モデルにその源をもつ、といってもさしつかえない。

(b) Grice のコミュニケーション理論

われわれは、1.2節で、聞き手が発話を解釈するためには、文法能力だけでは十分ではなく、曖昧性を除去し、指示対象を割り当て、論理的含意、意味論的含意、さらには文脈的含意を駆使しなければならないことを見た。このばあい、聞き手は、まったく恣意的に、曖昧性を除去したり、指示対象を割り当てたり、多様な含意を駆使しているのではない。発話解釈と文の意味とのあいだにどんなにギャップがあるとはいえ、そのことは、与えられた発話を、聞き手がランダムに解釈してもさしつかえない、ということを意味しない。たとえば、(53)の発話を聞いて、(54)の意味を伝達している、と解釈するわけにはいかないのである。

(53) ぼくは、歯が痛い。
(54) チョムスキーの *Syntactic Structures* は、1957 年に刊行された。

ということは、発話解釈は、けっして恣意的ではなく、聞き手側に強い制約が課せられている、ということを意味している。このことは、話し手側でいえば、話し手が(54)という特定のメッセージを伝達したいならば、聞き手がそのメッセージをその制約のもとで計算できるような表現形式を選択しなければならない、ということを意味している。実は、Grice の理論の要点は、話し手および聞き手に課せられている、このような強い制約の存在を明らかにしようとした点にある。

(c) Grice の枠組み

話し手は、コミュニケーションしようとするとき、たまたま頭に浮かんだ文を、それが文法的であるというだけで、口にすることは許されない。たとえば、次の会話を見よう。

(55) a. 太郎: たいへんだ，佐々木先生が亡くなったよ！
b. 花子: えっ，本当？
c. 太郎: 佐々木先生は生きているよ．

(56) a. 父: おい，三郎，お前は，こんなところで何をしているんだ？
b. 息子: わたくしの名前は田中三郎です．

(57) a. 裁判長: 被告人の職業は何ですか？
b. 被告: チョムスキーの *Syntactic Structures* は，1957 年に刊行されました．

(58) a. 受け付け嬢: 失礼ですが，お名前は？
b. 訪問者: わたくしの名前が田中三郎だということは，偽ではありません．

これらの会話はすべて奇妙である．(55)の太郎は，「自分が偽と思っていること，あるいは証拠のないことを口にしてはならない」という制約を無視している．(56)の息子は，「聞き手がすでに承知しており，不必要なことを口にしてはならない」という制約を無視している．(57)の被告は，「関係のないことを口にしてはならない」という制約を無視している．(58)の訪問者は，「簡潔でない，もって回った言い方をしてはならない」という制約を無視している．Grice は，この種の制約を，(59)のような一般原則および，その原則にかなった結果を得るための四つの格率として提案した．

(59) **協調の原則**(cooperative principle)
会話のやりとりというものは協調的作業であり，会話の各参与者が遵守するように期待されている原則がある．すなわち，＜会話のそれぞれの段階で，そのときの会話の目的ないし方向から要求されるように，貢献せよ＞ということである (Grice 1975:45)．

格率(Maxims)
I　量の格率(Maxims of quantity)
　a. 要求されている情報量の貢献をせよ．
　b. 要求されている以上の情報量の貢献をするな．
II　質の格率(Maxims of quality)
　a. 偽と信じていることを言うな．
　b. 十分な証拠なきことを言うな．

III 関係の格率(Maxims of relation)
　　関係のあることを言え．
IV 様態の格率(Maxims of manner)
　　a．不明瞭な表現を避けよ．
　　b．曖昧さを避けよ．
　　c．簡潔に述べよ．
　　d．順序立てて述べよ．

　もし話し手がこのような協調の原則および格率を遵守して発話をしていると仮定しよう．聞き手は，可能な多くの解釈のなかで，この仮定と矛盾する解釈（つまり，真実でもなく，情報量もなく，無関係で，不明瞭な解釈）を排除し，この仮定と合致する解釈のみを選択できるはずである．そのようにして選択された解釈がひとつ残れば，聞き手は，それが，まさに話し手の意図したメッセージである，と推論できるのである．このように，もし(59)のような格率が話し手の言葉の選択に強い制約を与えるならば，それは同時に，聞き手の発話解釈にとって寄与するところが大きいのである．一方，もし，話し手がこの種の制約を無視するならば，聞き手は，話し手の意図したメッセージを解釈する手がかりを失うのである．

　注意すべきは，Grice は(60)を主張しているのではない，という点である．
(60)　a．話し手は，つねに，(59)のような格率を実際に遵守している．
　　　b．話し手は，つねに，(59)のような格率を遵守しなければならない．
たとえば，ある教師が，生徒から(61)のような質問を受けたからといって，問題を生徒に教える教師はまずいないであろう．
(61)　先生，来週の期末試験はどんな問題が出るのですか？
このように，守秘義務があるばあいとか，相手に肝心の情報を知られたくないばあいには，量の格率が破られるのは当然である．また，相手をだまそうとするばあいは，質の格率が相手に気づかれぬように破られているのである．このように，実際には，これらの格率が遵守されていないケースはめずらしくない．さらに，ある格率が恒常的に破られているような共同体や文化圏すらありうるであろう．しかし，この種の事実は，Grice の格率の妥当性にたいする反例にはならない．Keenan(1976)はこのような共同体の存在を挙げ，それを根拠にGrice の格率が普遍性を欠き，妥当でない，と批判したが，これは的はずれの

批判である．Grice は，(60)ではなく，(62)を主張しているにすぎないからである．

(62) 話し手は，もし <u>情報を効果的に相手に伝達したいならば</u>，(59)のような格率を遵守していなければならない．

(d) 会話推意

上で，発話を解釈する際，聞き手は，＜話し手が協調の原則および格率を遵守しているはずだ＞と仮定することによって，この仮定と矛盾しない解釈を選択できる，と述べた．興味深いことに，そのような解釈を選択する過程で，聞き手は，＜話し手は，文字通り言われていることとは別の情報を伝達しようとしている＞と想定せざるをえないばあいが生じる．この別の情報が，Grice によって，**会話推意**(conversational implicature)と呼ばれているものである．これには，特定的会話推意と一般的会話推意とがある．

(I) 特定的会話推意

特定的会話推意(particularized conversational implicature)は，コンテクストから離れて一般的に成立するものではなく，特定の会話のコンテクストから生じる会話推意を指す．よく出される例をあげよう．

(63) a. Peter: Are you going to invite me to your party?
b. Mary: No. I'm only inviting nice people.

(64) Peter is not a nice person.

(65) Peter: Do you think I'm nice?

Mary の発話(63b)は(64)を明確に言っているわけではないが，暗に意味している．そのことは，(63b)を聞いた Peter がもし(65)のように応答したら奇妙であることからも分かる．そのかぎりで，(63b)の話し手 Mary は，(64)の真にコミットしているのである．もちろん，Mary が(63b)に続けて(66)を発話すれば，このような含意は生じないことからもあきらかなように，この種の含意はとり消し可能(cancelable)である．

(66) … Of course, I think you are nice. But I couldn't invite you without inviting your brother, Bill. As you know, he is not a nice person.

つまり，(64)が偽であっても(63b)は真でありうるのである．したがって，(64)

は(63b)の論理的含意や意味論的含意ではありえない．Griceによれば，(64)は，上の協調の原則および格率(59)を仮定してはじめて計算できる種類の含意であり，「会話推意」である．

このような「会話推意」にたいするGriceの説明は以下のとおりである．Maryの発話(63b)の後半が，Peterを招待しない理由を説明していないとするならば，関係のない情報を提供したことになり，(59)III「関係の格率」に違反する．しかし，もしMaryの発話(63b)がその理由を説明しているとすると，Maryは(64)を信じている，と考えるのが一番簡単な説明である．こう解釈すれば，Maryは，協調の原則および格率に違反していないことになるからである．Maryは，聞き手Peterがこの方向で自分の発話を解釈することを十分予測できる．そして，MaryはPeterによるこの解釈を阻止する注釈を，たとえば(66)のごとく付加しなかった．それゆえ，Maryの発話(63b)は(64)を会話的に含意する．

次例もGriceによる有名な会話推意のケースである．

(67)　a. Jane: Smith doesn't seem to have a girlfriend these days.

　　　b. Mary: He has been paying a lot of visits to New York lately.

(68)　Smith has a girl friend in New York.

(67b)の発話は(68)を暗黙のうちに伝えている．もちろん，Maryは(68)を明確に述べているわけではないが，Peterが(68)のように解釈することを妨げておらず，そのかぎりでMaryの発話(67b)は(68)の真にコミットしており，(68)を会話的に含意している，とされる．こんどは，次の例を見よう．

(69)　a. Peter: Would you like some coffee?

　　　b. Mary: I have to go to a lecture.

(69b)の発話で，Maryが伝達しようとした内容はすくなくとも(70)のようなものであろう．

(70)　Mary Smith has to go to a lecture at 3 p.m. on Introduction to Physics.

しかし，もしMaryが(70)だけを伝達する意図で(69b)を口にしたとすれば，Maryの発話は，Griceの協調の原則および格率に違反していることになる．なぜなら，Maryの発話はPeterの「コーヒーはいかが？」という誘いを無視したことになり，Peterの問いに答えるのに必要な情報を提供していないからで

ある.もしMaryが当の講義に出席するためには,Peterとコーヒーを飲んでいられない,とMaryが考えている,と仮定しよう.すると,Maryの発話はPeterの「コーヒーはいかが？」という誘いに否定的に応答したことになる.つまり,要求されている情報を提供したことになり,協調の原則および格率(59)に違反していないことになる.したがって,(69b)の発話で,Maryは,(71)を会話的に含意している,とされるのである.

(71)　Mary is unable to have coffee with Peter.

このように,Griceによれば,発話解釈の過程は,話し手の意図した解釈について聞き手側で仮説をたて,評価し,Griceの協調の原則および格率を満たしている仮説を選択する作業である,とされる.そこでは,コード解読ではなく,もっぱら推論が効いているのである.したがって,「会話推意」について,(72)のように規定することができる.

(72)　発話Pの会話推意がQであるとは,話し手が協調の原則および格率を遵守しているはずだという想定を維持するために,Qを発話解釈のなかに組み込んでいく必要があり,聞き手がそのことを推論できると話し手が考えているばあいである.

(II) 一般的会話推意

会話推意のなかには,上例と異なり,ノーマルなコンテクストでは一般的に成立し,比較的規則的で,コンテクストから離れても十分予測可能なものがある.Griceによれば,たとえば,(73a)はコンテクストと無関係に,(73b)という含意をもつ.

(73)　a.　John went into a house yesterday and found a tortoise inside the front door.
　　　b.　The house was not John's house.

(73a)の話し手が,亀を見つけた家が自分の家であるならば,その情報をあえて隠す特別の理由はない.それにもかかわらず,話し手が,*a house*と言っているとすれば,話し手は,(59) I「量の格率」に違反していることになる.話し手が格率に違反していないと仮定するかぎり,その家はJohnの家ではない,と聞き手は考えざるをえない.話し手は,聞き手がこのように考えるだろうということを十分予測でき,それを阻止する注釈を加えていない.それゆえ,

(73a) は (73b) を会話的に含意する，というわけである．Grice は，この種の会話推意を**一般的会話推意** (generalized conversational implicature) と呼ぶ．

次の文の各 (a) と (b) の関係も，一般的会話推意の例としてよく引用されるものである．

(74) a. I broke a finger.
b. The broken finger is my own.

(75) a. Some of the children were late.
b. Not all of the children were late.
c. Some, in fact all, of the children were late.

(76) a. Two of John's five children are bald.
b. The other three of John's five children are not bald.
c. Two, if not more, of John's five children are bald.

(77) a. John is a poet or a philosopher.
b. John isn't both a poet and a philosopher.

(78) a. Mary is either in the kitchen or in the garden.
b. The speaker of (78a) doesn't know whether or not Mary is in the kitchen.

(79) a. She handed him her key and he opened the door.
b. First, she handed him her key, and then he opened the door.

このような一般的会話推意は，コンテクストと無関係に一般的に成立するとされているだけに，「前提」(presupposition) あるいは 1.2 節 (b) (II) の「意味論的含意」，本節 (h) の「規約的推意」などとの区別が微妙であり，意味論と語用論の接点の問題として多くの言語学者の興味を引いてきた．しかし，注意すべきは次の点である．まず，一般的会話推意は，ある種の表現に通例伴なってあらわれるとはいえ，とり消し可能 (cancel) であったり，棚上げできる (suspend) という点で，意味論的含意や前提とは異なる．たとえば，(75a) は (75b) を会話的に含意するとされるが，(75c) のように，その含意をとり消しできる．同様に，(76a) は (76b) を会話的に含意するとされるが，(76c) のように，その含意を棚上げすることができるのである．他の例も同様である．そのうえ，一般的会話推意は，Grice の協調の原則および格率 (59) を仮定してはじめて言えるものであり，(72) の規定に合致するという点で，規約的推意とも本質的に異なる

のである.

　たしかに，ある現象が一般的会話推意か規約的推意か，あるいは意味論的含意か，それとも前提か，はっきりしないケースはある．しかし，そのような現象が存在するからといって，(72)で規定される会話推意にたいする反例にはならない．もちろん，このことは，Griceの枠組みおよび会話推意という概念に問題がない，ということではない．本節(f)ではその点に触れる．

(e)　会話推意の諸特徴とその問題点

　Griceによる「会話推意」という概念には，「とり消し可能性」「算定可能性」「不確定性」といった重要な特徴がある．本節ではそれらの特徴を検討する．

(I) とり消し可能性

　上で，会話推意は特定化されたものであれ，一般化されたものであれ，とり消し可能である，と述べた．では，**消し可能性**(cancellability)という特徴は，ある含意が会話推意といえるための必要・十分条件であろうか．筆者の見解では，この特徴は，会話推意の必要条件ではあっても，十分条件ではない，と思われる．たとえば，1.1節(f)において，(10)のような文は曖昧であるが，しかるべきコンテクストが与えられれば，その曖昧性が除去される，と述べた．このばあい，曖昧性が除去されるためには，コンテクスト情報だけでなく，(59)III「関係の格率」が用いられていることはあきらかであろう．そして，選択された特定の読みは，とり消し可能である．では，この選択された特定の読みは，会話推意といってよいであろうか．すくなくとも，Griceは，それを「会話推意」とは呼ばないであろう．

　同様に，(16)にたいする(17)のような解釈も，コンテクスト情報ばかりでなく，(59)III「関係の格率」が関与しており，かつ，とり消し可能であるが，Griceは，(17)を(16)の会話推意とはみなさないであろう．このように，発話の曖昧性除去や指示対象の割り当ては，コンテクスト情報およびGriceの格率(59)が効いており，しかもとり消し可能でありながら，会話推意ではないのである．なぜであろうか．実は，Griceは発話が伝達する意味全体(total content of an utterance)について，次のような下位分類を念頭においていた．

(80)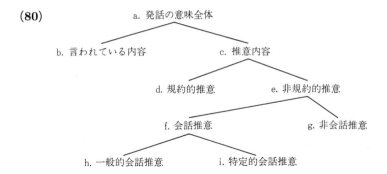

発話における曖昧性の除去や指示対象の付与は，(80c)の「推意内容」(what is implicated)ではなくて，あくまで(80b)の「言われている内容」(what is said)を規定する作業であるから，Grice にとっては，原理的に会話推意になりえないのである．一方，Grice の協調の原則および格率は，(80f)の「会話推意」を算出するために仮定されたものであった．ところが，上で見たように，Grice の協調の原則および格率は，曖昧性の除去や指示対象の付与の際にも効いてくるのであった．ということは，Grice は気づいていないが，(80b)の「言われている内容」を規定する過程においても(59)が深く関与しているのである．Grice は，(80b)の「言われている内容」は言語規則によって決定され，意味論の射程に入るのにたいして，(80c)の「推意内容」は，語用論の射程に入る，とみなしていた．1.4節で述べるように，関連性理論の立場では，意味論と語用論の区別に関するこの Grice の考えに異論を唱えるのである．

(II) 不確定性

現実の会話推意は，特定の単一の命題に定まるということはめったになく，ある範囲の命題の漠然とした束であることが多い．たとえば，(48)の例を思い起こそう．

(48)　a. 田中：君，ぼくの最新の小説を読んだかね．
　　　b. 佐藤：ぼくはね，二流の作家のものは読まない主義でね．
(49)　佐藤は田中の最新の小説を読んでいない．

佐藤の発話(48b)の会話推意には，もちろん(49)がある．しかし，佐藤の発話が(49)を伝達することだけであったならば，佐藤の発話は量の格率を破ってい

ることになる．なぜなら，＜佐藤は，田中の最新の小説ばかりでなく，田中の他の作品も読んでいない＞というよけいなことを述べているからである．したがって，(48b)を口にすることによって，佐藤は，たとえば，(81)のような命題をも暗に伝達しようとしている可能性がある．

(81) a. 佐藤は田中の処女作を読んでいない．
b. 佐藤は田中の8年前に書いた小説を読んでいない．
c. 佐藤は田中の2年前に書いた随筆を読んでいない．

しかし，(81)の類いの命題は数が多く，かなり自由な幅があり，(48b)の話し手(佐藤)がそのいずれか特定の命題を意図しているとはかぎらない．むしろ，どの解釈が選択されるかは，話し手側で完全に固定しているわけではなく，すべて聞き手(田中)に任せているわけである．せいぜい，もし聞き手が(81c)を選択したとしても，話し手はそれを許容するということでしかない．会話推意のこの側面を**不確定性**(indeterminacy)と呼ぶ．Grice はこの特徴に気づいていたものの，その重要性には注意を払わなかった．Grice は，＜会話推意は，話し手によって明確に意図されていなければならない＞としているが，このような規定は，「不確定性」の特徴と矛盾するのである．

(III) 分離不可能性

Grice によれば，会話推意の算定にとって必要な情報は，コンテクスト情報と「言われた内容」であって，どう言ったか，つまり，いかなる語や表現が用いられたか，ではない．ということは，同じ内容を別の表現を用いて発話しても，同じ会話推意をもつはずである．会話推意のもつこの特徴を Grice は**分離不可能性**(non-detachability)と呼んだ．たとえば，(79a)は(79b)の会話推意をもつとされていたが，(79a)の *and* を削除して，代わりに(82)のような言い方をしたとしよう．(82)の発話も，(79a)と同様，会話推意(79b)をもつのである．

(82) She handed him her key. He opened the door.

しかし，(59)IV「様態の格率」が関与している会話推意については，まさに「どう言うか」が効いてくるわけであるから，「分離不可能性」の特徴はもたない．たとえば，

(83) a. John ate the cake.
b. John put the cake into his mouth, chewed and swallowed it.

(83b)は(83a)とまったく同じ会話推意をもつであろうか．おそらくそうではないであろう．したがって，「分離不可能性」という特徴は，会話推意の必要条件ではないのである．

(IV) 算定可能性

Griceにとって，会話推意のもっとも重要な特徴は，＜会話推意は，たとえ直観的に把握されるばあいであっても，なぜそのような含意が生じるかを，明確な推論によって論理的に派生し，算定できるようなものでなければならない＞とする**算定可能性**(calculability)である．しかし，会話推意を算定するにあたって，理論的に重要な問題は，協調の原則や格率は，発話の意味全体のレベルで遵守すべきことなのであろうか，それとも，「言われている内容」のレベルで遵守すべきなのか，という点である．もちろん，通常は，(84)のように，後者とみなされている．

(84) 発話の会話推意とは，「言われている内容」のレベルで 協調の原則や格率が遵守されているとみなすために(つまり，「言われている内容」が真であり，情報量があり，関係があり，明確で簡潔であるとみなすために)聞き手の側で想定しなければならない命題である．

たしかに，標準的な会話推意では(84)があてはまることは事実である．しかし，(63b)や(67b)の例では，「言われている内容」のレベルでは関係の格率を遵守しておらず，「含意されている内容」のレベルではじめて関係の格率を遵守しているのである．また，(69)の例では，(69b)は「言われている内容」のレベルでは量の格率を遵守しておらず，「含意されている内容」のレベルではじめて量の格率を遵守しているのである．

このように会話推意にとって「算定可能性」はもっとも重要な特徴であることは疑いえないが，現行のGriceの格率(59)では，(84)がつねに保持されているとはかぎらないという点に重大な問題が残るのである．

(f) Griceの格率に内在する問題

Griceの協調の原則と格率(59)には，定義されていない術語や説明不足の箇所も多い点も問題である．まず，(59)I「量の格率」における「要求されている情報量」を計算する基準が与えられていない．第二に，(59)III「関係のあ

る」にたいする定義が与えられていない．第三に，「情報量がある」と「関係のある」との違いも明確でない．第四に，質の格率と関係の格率も無縁とは思われないのに，両者が独立の格率とみなされている．第五に，(59) IV「様態の格率」に登場する肝心の術語は未定義のままである．たとえば，IV(c)「簡潔に述べよ」とあるが，「簡潔性」を測る尺度が規定されていない．IV(a) の「不明瞭な表現」や IV(b) の「曖昧さ」の規定もなされていない．IV(c)「簡潔に述べよ」と量の格率 I(b)「要求されている以上の情報量の貢献をするな」との違いも明確でない．さらに，IV(d)「順序立てて述べよ」と III「関係の格率」との関連も微妙である．第六に，格率同士のあいだに適用の優位性といった階層関係があるのかどうか，という問題もある．通常，II「質の格率」を破ってまで I「量の格率」を遵守することはしないが，このことは，「質の格率」は「量の格率」よりも優先する，といってさしつかえないのであろうか，という問題が残る．

このように，Grice の格率の規定には，説明不足の箇所が多いばかりでなく，しかるべき制約が課せられていないため，この格率を厳密な仕方で適用して，会話推意を算定し，発話のユニークな解釈を選択するわけにはいかないのである．

(g) Grice による修辞表現の扱いとその問題点

Grice は，アイロニー (irony)，メタファー (metaphor)，緩叙法 (meiosis)，誇張法 (hyperbole) といった，修辞的発話の解釈も会話推意によって分析できる，と考えた．これは，＜この種の発話で用いられる文が字義通りの意味とは別に修辞的意味をもつ＞とする伝統的な修辞論のアプローチから決別する考えである．たとえば，(85)〜(88) の各 (a) の発話の意味は各 (b) であるが，それを「会話推意」とみなした．

(85) アイロニー
    a. That was kind of him.（ある人が不親切な行為したのを目にして）
    b. That was not kind of him.

(86) メタファー
    a. His refusal was a door slammed in my face.
    b. His refusal was like a door slammed in my face.

(87) 緩叙法
    a. You seem a bit annoyed.(たいへん憤激している人に向かって)
    b. You seem very cross.

(88) 誇張法
    a. That is the funniest thing I've ever heard.
    b. That's funny.

Grice によれば，上の各(a)の発話の表す命題 P は，いずれも，(59)II「質の格率」(a)「偽と信じていることを言うな」に表面的には違反しているケースである．各(a)の話し手が「言っている内容」を信じているとはあきらかに思えないからである．そこで，聞き手は，話し手が 協調の原則および格率(59)に違反していないはずだという仮定を保持するために，格率に違反していない(P と関係のある)別の命題 Q を探す．Q は，アイロニーのばあいは P の否定命題であり，メタファーのばあいは P との比較を表す命題(直喩 simile)であり，緩叙法のばあいは P より強い命題であり，誇張法のばあいは P より弱い命題である．かくして，伝統的な修辞論の問題 は，現代語用論上の枠組みで処理される，とされたのである．

しかし，Wilson & Sperber(1988, 1992)が指摘している通り，修辞表現にたいする Grice のこのような扱いにはいくつか致命的な問題がある．

まず，修辞発話以外の会話推意のほとんどの例は，「言われている内容」に加えて会話推意が付け加わることに注意しよう．たとえば，(63b)の発話は(64)を会話推意として伝えているが，同時に，(63b)の「言われている内容」をも伝えているのであって，(63b)の「言われている内容」を否定していないのである．つまり，このケースでは，「言われている内容」と会話推意は両立するのである．ところが，修辞発話にたいする上の Grice 流の説明では，話し手は，「言われている内容」を却下して，代わりに会話推意だけを伝達していることになり，奇妙である．第二に，修辞発話のばあい，「言われている内容」のレベルで Grice の格率(59)II「質の格率」(a)は，表面上ではなく，正真正銘，破られているのである．つまり，会話推意は，Grice の格率が破られていることを確認しているのであって，話し手が偽と信じることを言ったという事実は消されていないのである．ということは，アイロニー，メタファー，緩叙法，誇張法などが有する「会話推意」は，(84)で規定されるような標準的な会話推意

とは異質なものであることを示す．第三に，アイロニーのばあい，Grice の格率に違反していない別の命題 Q は，P の否定命題であった．聞き手は，P があきらかに偽だ，ということを承知しているわけであるから，その否定命題 Q は真であることを承知しているはずである．ということは，「推意内容」のレベルで量の格率は遵守されていないことになる．つまり，話し手は，「言われている内容」のレベルでも「推意内容」のレベルでも格率に違反していることになり，奇妙である．第四に，アイロニーにおいて，(85b) を伝えようする話し手がなぜ (85b) を直接口にしないで，わざわざその否定である (85a) を発話するのか，その理由が Grice の枠組みでは説明されていない．第五に，修辞的発話の表す命題 P は，あきらかに偽と思われる命題である，とされる．しかし，あきらかに偽と思われる命題を口にすれば，つねに修辞的発話になり，元の命題と関係のある命題を会話推意するわけではない．多くのばあい，それは，単なる間違いの発話であったり，ジョークであったり，的はずれの発話でしかないのである．したがって，質の格率違反は，修辞的解釈を要請するための十分条件ではないのである．つまり，修辞的発話と単なる間違いの発話との区別が Grice の枠組みでは提示されていないのである．

(h) 規約的推意

本項では，(80d) の規約的推意について簡単に触れておこう．Grice は，この概念を，発話によって伝達される内容のうち，真理条件的でない部分をカバーするために導入した．よく知られているように，次例の各 (a) は各 (b) を示唆する．

(89) a. It's Christmas Eve but the shops are empty.
　　 b. The two states of affairs described in (a) are contrasted in some way.

(90) a. He is an Englishman; he is, therefore, brave.
　　 b. His being brave is a consequence of his being an Englishman.

(91) a. Even John passed the exam.
　　 b. John is the least likely to pass the exam.

(92) a. John is not yet here.
　　 b. John is expected.

(93) a. What your generalization captures is exactly nothing.
      b. Your generalization captures something.　(Wilson 1975:123)
(94) a. I didn't vote for Macmillan, let alone Eden.
      b. I would be less likely to vote for Eden than for Macmillan.
                                              (Wilson 1975:124)

これらの各(a)と(b)の関係は何であろうか．まず，各(b)は各(a)の会話推意ではないことは明らかである．なぜなら，(a)から(b)の導出にあたって，Griceの協調の原則や格率(59)はいっさい効いてこないからである．各(b)の算定にあたり，コンテクスト情報はいっさい関与せず，取り消し可能ではない．むしろ，*but, therefore, even, yet, let alone* や *wh*-cleft 構文などの言語的意味が関与しているようである．では，(a)と(b)の関係は意味論的含意であろうか．1.2節(b)(II)で見たように，「意味論的含意」は，< P, Q の言語的意味のおかげで，P が真であれば，Q が必然的に真になる > という真理条件的な関係であった．上の各(a)と(b)の関係はこの真理条件的な意味での意味論的含意関係ではない．たとえば，(89a)と(89b)の関係に注目してみよう．よく知られているように，S_1 but S_2 の真理条件は，S_1 and S_2 と同じであって，*but* 自体が担っている言語的意味(89b)は(89a)の真理条件にはいっさい寄与しない．事実，(89a)は *It's Christmas Eve.* と *The shops are empty.* のあいだに客観的にはコントラストがない状況下であっても，これら二つの事象がともに真であるかぎり，文全体としては真なのである．さらに，(89b)が偽であっても，(89a)の話し手が(89b)を信じていさえすれば，(89a)のような *but* の使用はまったく自然である．このように，*but* は非真理条件的意味を担うのである．(90)〜(94)の例も同様である．(ただし，(90a)と(90b)との関係については，真理条件的ではないか，というデータ面での Grice 批判もある．Kempson(1975:214)，Blakemore (1987:79)参照．) もちろん，上の各(a)と(b)の関係は <(b)の表す命題は(a)の表す命題 が真理値をもつための必要条件である > という意味での「論理的前提関係」(logical presupposition)でもない．Grice にとって，(80)の分類図における(80b)「言われている内容」はあくまで真理条件的に分析できる側面であったため，非真理条件的である上の(89)〜(94)のケースは(80c)「推意内容」に属することになった．しかもこのケースは，*but, therefore, even, yet, let alone* や *wh*-cleft 構文などの言語的にコード化されている意味に依拠しているので，

Griceは，(89)〜(94)の各(b)を各(a)の**規約的推意**(conventional implicature)と呼んだのである．つまり，「規約的推意」は，非真理条件的な意味でありながら，Griceの格率によっては算定できず，言語的にコード化された意味のある側面を指すのである．*but*が担うこのような非真理条件的意味を，Grice(1975)は「規約的推意」と呼んだ．

Grice(1975)においては，「言われている内容」や「会話推意」から区別された「規約的推意」という現象の存在が指摘されただけで，この概念にたいする実質的な説明はなにもなされていなかった．それにたいして，Grice(1989)は，このような「規約的推意」の現象について「高次発話行為」(higher-order speech acts)という概念を用いて一歩進んだ説明を試みた．Griceの例は次のようなものである．

(**95**)　The sun is shining, so Bill is happy.

Griceによれば，(95)の話し手は，中心的な発話行為を1階で，そして副次的な発話行為を2階で，という風に二つの段階で別の発話行為にコミットしている，とされる．まず，1階では，*The sun is shining*および*Bill is happy*という陳述を行っている．そして，2階では，＜*The sun is shining*がなぜ*Bill is happy*であるかを説明している＞という「説明する」という別の発話行為にコミットしている．つまり，2階では，1階で行われた陳述についてある仕方でコメントしているわけである．この2階の副次的な発話行為の情報を担うのが*so*である．他の規約的推意の例も同様の線で説明される．そして，真偽が問題になるのは，1階の情報だけであり，2階の情報は関与しない．規約的推意が，文の真理条件に関与しないのはこのためである，とGriceは主張する(Grice 1989:362)．

「規約的推意」にたいするGriceのこのような説明は，「規約的推意」のような非真理条件的意味を発話行為の術語で説明しようとする試みであるが，基本的に*but, therefore, even, yet, so*などの語の意味を概念的(conceptual)にとらえるアプローチである．関連性理論の立場では，この種の語の意味にたいして，Griceと異なったアプローチをとるが，この点については，1.4節(f)で論じる．

1.4 関連性理論によるアプローチ

(a) 関連性理論

本節では，Grice の理論の発展である**関連性理論**(relevance theory)の要点を概観する．この理論は，Dan Sperber と Deirdre Wilson によって 1970 年代後半に開発されたコミュニケーションと発話解釈にかんする語用論モデルである．この理論の要点を一口でいえば，＜発話の語用論的解釈は，聞き手の心的表示に対して操作された演繹的推論メカニズムであり，その操作は，「関連性の原理」と呼ばれる単一原理によって支配されている＞と考える立場である．この立場の背後には，＜言語的能力と非言語的能力とは，認知のメカニズムおいて明確に区別される＞とする心のモジュール観がある（関連性理論の概観を得るためには，西山(1992)，Wilson(1994)，Wilson & Sperber(1986c)，Sperber & Wilson(1986)，Blakemore(1992)などを参照）．

関連性理論は，その根拠を，人間の認知機構についての基本的事実に求めることができる．人間は，多様な現象を対等に扱わず，ある特定の現象に他の現象よりも注意を多く払おうとする傾向がある．また，人間は，現象を処理するとき，あらゆるコンテクストを参照するのではなく，特定のコンテクストを選択し，そのなかで処理しようとする．関連性理論は，人間のこういった選択を可能にするときの鍵となる概念は「関連性」にほかならないと考え，次の原理を仮定する．

(96) **関連性の認知原理（第 1 原理）**(cognitive principle of relevance)
人間の認知系は，自分にとって関連ある情報に注意を払うようにデザインされている．

「ある情報が関連ある」とは，それが次の三つの仕方でコンテクスト情報と相互作用するときである．

(97) a. ケース A: 文脈的含意をもたらす場合
b. ケース B: 既成のコンテクスト情報を確認する場合
c. ケース C: 既成のコンテクスト情報の一部を否定する場合

今，ある人が朝，起きあがって，窓を開けたところ，(98)の事実に気づいたと

しよう．

 (**98**) 今雨が降っている．

この情報はその人にいかに関連あるものとなるであろうか．まず，ケースAから見ていこう．その人が，起きる前に，ベッドのなかで，(99)のように考えていたとしよう．すると，(99)というコンテクスト情報と新情報(98)とから(100)を演繹できる．

 (**99**) もし今雨が降っているなら，今日の運動会は中止だ．

 (**100**) 今日の運動会は中止だ．

(100)は(43)の定義からして，(98)の文脈的含意である，といえる．このばあい，(98)は(99)というコンテクストにおいて関連ある情報である，ということになる．そして，この種の文脈的含意の量が多ければ多いほど，より関連性の高い情報ということになる．

 ケースBは次のような場合である．その人が，雨が降っているらしい音をベッドのなかで耳にして，＜今雨が降っているはずだ＞と考えていたとしよう．すると，起きあがって得た(98)という新情報は，既成の想定（コンテクスト情報）を裏付け，強化するものであり，やはり関連ある情報ということになる．そして，より多くのコンテクスト情報を強化すればするほど，より関連性の高い情報ということになる．

 ケースCは次のような場合である．その人が，ベッドのなかで，＜今日は良い天気だ＞と考えていたとしよう．すると，起きあがって得た(98)という新情報は，既成の想定（コンテクスト情報）と矛盾し，それを退けるものであり，その意味で，関連ある情報ということになる．そして，より多くのコンテクスト情報を退けるものであればあるほど，より関連性の高い情報ということになる．

 このように，コンテクストとの相互作用には三つのタイプがあるが，これを**コンテクスト効果**(contextual effect)と呼ぶとすれば，(101)を得ることができる．

 (**101**) 新情報は，コンテクスト効果をもたらすいかなるコンテクストにおいても関連ある情報である．コンテクスト効果が多ければ多いほど，関連性は高まる．

 しかし，(101)は，ある面で不十分である．次の例を見よう．ケースAの変種であるが，たとえば，朝，ベッドのなかで，(99)のように考えていた人が起

き上がって，窓を開けたところ，(102)に気付いたとしよう．

(102)　今雨が降っており，1人の金髪の女性が犬を連れて散歩している．

すると，(99)という既成の想定(コンテクスト情報)を仮定するかぎり，新情報(102)は情報(98)と同様(100)を文脈含意し，関連ある情報ということになる．では，情報(98)と情報(102)を比較したばあい，いずれが「より関連性が高い」といえるであろうか．いうまでもなく，(98)である．それは，(102)よりも(98)の方がより簡潔な情報であるため，**発話処理にかかる労力**(processing effort)が少なくてすむからである．発話処理にかかわる要因としては，言語的に簡潔であるかどうか，コンテクストへの接近が容易であるかどうか，頻繁に使用される情報であるかどうか，ごく最近使用されたかどうか，などがある．結局，「関連性」は相対的概念であって，関連性には度合いがあり，(103)のように規定できるのである．

(103)　コンテクスト効果が多いほど，関連性は高まる．また，そのようなコンテクスト効果を生みだすために要求される処理労力が少ないほど，関連性は高まる．

人間の認知は関連性を指向しているということは，人間の認知体系は，認知上の処理労力を少なくし，より多くのコンテクスト効果を得るようにデザインされている，ということを意味する．

(b)　最大の関連性と最適の関連性

関連性理論におけるもっとも基本的な仮説は，「人間は，情報処理にあたって**最大の関連性**(maximal relevance)を目指す」，つまり「最小の処理労力で，できるだけ多くの認知効果を得ることを目的とする」というものである．しかし，注意すべきは，このような「最大の関連性」という概念は，情報処理についてはあてはまるものであっても，コミュニケーションについてあてはまるものではない，という点である．話し手Aが聞き手Bとコミュニケーションするということは，単なる情報処理と異なり，(i) AはBとコミュニケーションしようとする意図をもち，(ii) Aは，BがAの意図を認知できるように，積極的に手助けをする，ということである．この場合，Bは，Aが，Bにとって最大の関連性のある情報を提供してくれるはずだと期待するわけにはいかない．第一に，Aは，Bにとって最大の関連性のある情報を有していないかもしれな

い．第二に，たとえ，AがBにとって最大の関連性のある情報を有していたとしても，なんらかの理由（例えば社会的，政治的，倫理的，法的などの理由）でそれをBに提供するわけにはいかないケースも珍しくない．たとえば，学生にとって，明日の試験問題の中身は，たいへんな認知効果のあることであり，その意味できわめて関連性のある情報であろう．しかし，問題作成者である教師と学生との会話において，教師が学生に，明日の試験問題の内容を教えるわけにはいかないのである．このように，コミュニケーションにおいては，聞き手は認知効果の点で最大の関連性のある情報を期待することはできない．

また，聞き手は処理労力の点でも最大の関連性のある情報を期待することはできない．話し手は，聞き手にとってもっとも処理労力の少ない発話を口にしているとはかぎらないからである．可能ないくつかの発話のなかから聞き手にとってもっとも処理労力の少ない発話を選択するためには，話し手の側にある種の技能が要求されるが，すべての話し手がそのような技能を十分持ち合わせているとはかぎらないし，かりにそのような技能を有している人でも，たまたま疲れているとき，あるいは急いでいるときには，その種の技能が十分発揮できないこともありうる．このように，コミュニケーションにおいては，聞き手は認知効果の点でも処理労力の点でも最大の関連性を話し手から期待することはできないのである．

しかし，関連性の認知原理（第1原理）(96)は，発話解釈がいかにして行われるかについて，重要な示唆を与えてくれる．話し手Aが聞き手Bとコミュニケーションするということは，AはBに情報を提供しようと意図することである．AがBになにか情報を提供するとき，その情報は聞き手にとって注意を引くに値する情報，つまり関連ある情報であることを聞き手は期待するはずである．聞き手は，発話が関連性をもつはずだと想定するときはじめて，その発話に注意を払い，解釈しようとする．聞き手が発話を処理し，解釈するにはなんらかの努力を払わなければならないが，その発話がまったく関連性のない情報であるならば，そのような努力は無駄になってしまうであろう．一方，話し手は，聞き手の注意を引くつもりで発話している以上，話し手の能力と興味と両立する範囲内で，できるかぎり関連性の高いものを目指すはずである．

コミュニケーションについてあてはまるこの基準は，Sperber & Wilson (1986)によって，「**最適の関連性**(optimal relevance)の基準」といわれ，(104)

のように規定される．

(104) 発話が，ある解釈のもとで，最適な関連性をもつとは，次の(a)(b)を満たすとき，そしてそのときに限る．
　　　a. 発話は，聞き手がそれを処理するための努力を払うに値する程度に十分な関連性をもつ．
　　　b. 発話は，話し手の能力と興味と両立する範囲内で，もっとも高い関連性をもつ．

(104a)から，「聞き手は，発話を処理する際，少ない労力でもって聞き手の注意を引くに値する十分なコンテクスト効果を得ようとする」が出てくる．また，(104b)から，「話し手側で可能なかぎり努力したと仮定すれば，同じコンテクスト効果をより経済的な仕方で達成できるような他の発話は存在しない」が出てくる．この「最適な関連性」を用いて，関連性の第2原理が規定できる．

(105) 関連性の伝達原理 (第2原理) (communicative principle of relevance)
　　　すべての意図明示的伝達行為は，その行為が最適の関連性をもつ旨を自動的に伝えている．

(105)の言わんとしているところは，こうである．話し手Aが情報意図を明示的な仕方で伝達しようとしているとき，Aがなしている行為は，「Aの発話は最適の関連性をもっているのだ」という信念をBに伝えることにほかならない．いいかえれば，伝達意図が明示的であるばあい，話し手Aは，「Aの発話から聞き手Bが(正当化されない処理労力を負うことなく)十分なコンテクスト効果を導出することができるだろう」という信念を伝えている，ということである．この原理こそ，関連性理論の中核を占めるものである．以下では，単に「関連性の原理」といえば，こちらを指すことにする．

この原理は，Griceの格率とはかなり異質である点に注意すべきである．Griceの格率が，話し手への指令であり，遵守したり，違反したりしうる規則であったのにたいして，関連性の原理は，そのような規則ではなく，人間のコミュニケーションにまつわる普遍的事実の陳述なのである．話し手は，そのような最適の関連性の期待をもたらすつもりがなくても，そうせざるをえないのである．(ただし，この原理は，現実のあらゆる発話が，実際に最適の関連性をもつことをなんら保証するものではない．話し手は，自分の発話が最適の関連性を有すると間違って信じている可能性もある．しかし，そのばあいでも，話

し手は最適の関連性を目指していたという事実は否定できないのである.)

SperberとWilsonの主張は,(105)の関連性の原理こそが,発話解釈のあらゆる側面を説明するのに十分である,というものである.かれらによれば,発話解釈にあたって,聞き手は,この関連性の原理と合致している解釈をさがすわけである.「関連性の原理と合致している」は次のように規定される.

(106)　発話が,ある解釈のもとで,関連性の原理と合致しているとは,発話が当の解釈で(聞き手にとって)最適の関連性をもつ,と話し手が期待したとしてもなんら不合理でないとき,そしてそのときにかぎる.

いうまでもなく,いかなる発話にも,発話で用いられた文の言語情報と両立しうる多様な解釈が可能である.しかし,発話の多様な解釈が同等に聞き手にとって接近可能なわけではない.これらの可能な解釈のなかから,関連性の期待をもっともよく満たす解釈を選択する.その解釈は他の可能な解釈よりも容易に(少ない処理労力で)捉えることができるのであるが,聞き手は,自分が最初に捉えた解釈をもって,発話の解釈であると仮定させるのに十分なのである.(104)の「最適の関連性の基準」は,聞き手に,単一の解釈だけを残すほど強力なものなのである.

発話解釈は,その発話で使用された文のもつ言語的性質だけでは決定されるものではなく,語用論的に決定される.問題は,「語用論的に決定される」の中身である.この中身について,Griceの理論では,「会話推意」という限定された側面を説明する目的で協調の原則と格率(59)が仮定された.それにたいして,関連性理論では,「語用論的に決定される」あらゆる側面を統一的に説明すべく,(105)のような関連性の原理が仮定された.発話解釈には,(i)表意の確定,(ii)高次表意の確定,(iii)推意の確定,の三つの側面がある.以下,それぞれを見ていこう.

(c) 表　意

関連性理論では,**表意**(explicature)と**推意**(implicature)をはっきりと区別する.表意とは,Griceの推意からのアナロジーで造られた術語であるが,「発話によって,話し手が明確に伝達しようとしている内容」を指し,(107)のように規定できる.

(107) 表意は，発話で用いられた文の意味表示(論理形式)を展開し，それに肉付けした結果である．

したがって表意を得るには，コンテクスト情報と語用論的原理を必要とするが，文の意味表示に依拠しているのである．一方，関連性理論でいう「推意」は，表意を基礎にして推論によって導出される，まったく別の論理形式をもつ命題である．表意と推意のこのような区別は，Grice の(80b)「言われている内容」と(80c)「推意内容」の区別に対応する，とみなされるかもしれない．しかし，厳密には，両者の区別は，重要な点で違いがある．

Grice にとって，「推意内容」の中核を占めるものは(80f)の「会話推意」であり，これを説明するために，協調の原則と格率(59)を提案したのであった．ところが，前にも触れたように，Grice は，「言われている内容」を規定する際にも，協調の原則と格率(59)が適用されうるということに気づかなかった．それにたいして，関連性理論の枠組みでは，関連性の原理は，推意の算定のときのみならず，表意(や高次表意)の算定にも効いてくるのである．また，表意の確定には，文の曖昧性を除去し，指示表現に指示対象を与えるばかりでなく，文中の省略要素を適切に補充したり，不定な表現があれば，それをより特定化する作業もおこなわれなければならない．しかし，Grice の枠組みでは，こうして得られた情報は「言われている内容」ではなく，むしろ「推意内容」に属するとみなされていた．ここにも Grice の「言われている内容」と関連性理論における「表意」との大きな違いがあるのである(この点について，詳しくは，Carston (1988) 参照)．

表意の基本となるものは，発話の表出命題である．1.2節(a)でも触れたように，発話の表出命題は，言語的にコード化された文の意味表示(論理形式)を肉づけして得られるものである．この肉づけの過程で必要なものは，コンテクスト情報と上で見た関連性の原理である．この点を，以下で具体例で見ておこう．

(I) 曖昧性の除去

1.2節(a)で述べたように，たとえば，(10)が二つの意味をもち曖昧であるという事実は意味論の射程に入るが，(11)や(12)のような談話のなかでいかなる基準で曖昧性が解消されるかという問題は語用論の仕事となる．しかし，従来の語用論では，「意味的に可能な複数個の読みのなかから，聞き手が特定の解

釈を選択するためにいかなる基準が働いているか」という問題に正面から取り組んだものはなかった．もっとも，直感的な提案はいくつかなされた．たとえば，「前後の文脈から適切である読みを選択する」のような基準が提案されたこともあったが，肝心の「適切性」という概念が理論的に解明されないかぎり，説明になっていない．また，「先行文脈と両立可能である解釈を選ぶ」のような基準も提案されたが，(11)や(12)のような談話においても，他方の読みを先行文脈と両立しうるように読むことは，すこし想像力をたくましくすれば可能である．また，「真である可能性が高い解釈の方を選ぶ」という基準が提案されたこともある．しかし，(10)にたいする＜無いものについて，それはないという性質をもつ＞という読みはトートロジーであり，トートロジーは必然的に真である以上，この基準からすれば，(10)はいかなる談話に現れても，(したがって談話(12)に現れても)トートロジーの読みの方が選ばれることを予測する．これは事実に反する．実際，(12)のような談話を耳にしたとき，自動的に選択される読みは，「どんなものもある」という，厳密に言えばあきらかに偽である解釈の方なのである．この事実は，曖昧性解消の基準として「真である可能性が高い解釈を選ぶ」も適切ではないことを示す．

曖昧性除去の基準として，「直前の談話と，結束性の強い(coherent)読みの方を選択する」が導入されることもある．「結束性」という肝心の概念が明確ではないので，議論しにくいが，この立場の意図を好意的に解釈すると，次のようになる．(談話における結束性については本書第3章を参照．)

(108) 談話において，文 S_1 が文 S_2 に先行しており，S_2 が意味的に曖昧であるばあい，S_1 と S_2 とのあいだに，「原因と結果」「説明」「時間的前後関係」「質問にたいする応答」といった，なんらかの緊密な関係が成立している読みの方がそのような緊密な関係が成立していない読みよりも選択される．

この基準は妥当であろうか．まず，これが，談話の冒頭に登場した文の曖昧性解消については無力であることは明らかである．さらに別の例を考えよう．バス停でバスを待っている甲と乙が次の会話をしていたとしよう．

(109) a. 甲：ところで，例の件で，田中先生は，どう言われましたか．
b. 乙：あっ，われわれのバスが来ましたよ．

(109b)は，すくなくとも，発話行為のレベルで，2通りに解釈できる．ひとつ

は，田中先生の言ったことを引用している，という読みである．他は，甲と乙が待っているバスがやって来た，という読みである．上の状況では，あきらかに後者の読みが選択されるであろう．ところが，疑問と答えの間の結束性という観点からいえば，(109b)にたいする後者の読みの可能性は最初から排除されているはずである．したがって，結束性による曖昧性除去の基準(108)は，(109)のケースをうまく処理できない(Wilson 1994参照)．

これにたいして，関連性理論の立場では，曖昧性除去の問題は，「聞き手による発話解釈」という一般的な問題の特殊なケースにすぎない，とみなされている．それは，他の発話解釈の過程と同様，第一に，文法(言語能力)による可能な複数個の仮説を形成する段階，第二に，語用論能力を用いて，それらの仮説を評価し，特定の仮説を選択して，話し手の意図した解釈を同定する段階，という二つの過程をとる．談話(12)のばあい，聞き手の心に最初に浮かぶ想定は，＜なんでもある＞の解釈のはずである．店の呼び込みがトートロジーを口にすることはありえないし，また，店の呼び込みが客の注意を引くために，事実に反するが，誇張した言い回しをする状況は珍しくないからである．また，そこから得られる効果は「店のなかに入ってみよう」とか「お金を使うかもしれない」などと多大である．したがって，それは，さしたる処理労力なしに十分な効果をもたらすので，この解釈は関連性の原理と合致する．それに対して，この談話においてトートロジーの解釈を可能にするようなコンテクストを想像することは不可能ではないが，聞き手に正当化しえない相当量の処理労力を課すことになり，しかもその解釈からは何も効果が得られない．そのためにこの解釈は排除されるのである．

(II) 指示対象の固定

文中に登場した指示対象の固定についても，本質的に同様である．次の例をみよう．

(110)　　This is made with 80% recycled board.　　(Blakemore 1995)

(111)　　This is vitamin fortified.

今，朝食時に食卓の上のシーリアル箱を指して，(110)と(111)を発話したばあい，(110)では this は箱そのものを指すが，(111)では this はその箱の内容物を指す，と解釈するのが自然であろう．いうまでもなく，この解釈は，言語的に

決まるものではない．聞き手は，*this* の指示対象について仮説をたて，この仮説が関連性の原理と合致していると判断するからである．もちろん，(110)についても箱のなかのシーリアルがリサイクル紙でできている，という解釈も論理的には不可能ではなく，また(111)についても箱そのものがビタミンを強化されている，という解釈も不可能ではない．しかし，そのような解釈は聞き手の側で相当量の，しかもかなり接近しがたいコンテクストを呼び出さねばならず，聞き手に正当化しえない処理労力を課すことになるため排除される．このような説明が可能なのも，発話が，(104)の意味で最適の関連性をもつからにほかならない．

　1.1 節(f)で見た(13)(14)の例も同様である．*he* にたいする自然な解釈は，(13)については Paul，(14)については Sam であったが，なぜそうであるかの説明は，関連性の原理を用意してはじめて可能となる．もちろん，コンテクストを拡大すれば，(13)(14)について，他の解釈が不可能というわけではない．たとえば，Paul が Sam をいじめるために，Sam の欲しくないものをあえて売るような状況下では，(13)における he の先行詞は Sam でありうる．また，Paul が自分のもっとも必要とするものを手放すように第三者から命令されたような状況下では，(14)における he の先行詞は Paul でありうる．ただ，そのような解釈は，関連性の原理と合致しないので排除されるのである．

　こんどは，前方照応表現の例を見よう．

　(112)　Tom went walking at noon. The park was beautiful.

(Blakemore 1992:75)

(112)の聞き手は，the park を Tom が散歩した公園と解釈するのが自然である．もちろん，他の解釈，たとえば，Tom はビルの屋上を散歩しており，そこから見下した公園が美しい，という解釈もあながち不可能ではない．しかし，この解釈は，接近しにくいコンテクストを呼び出すことになる．なお，聞き手は(112)の第1文を聞いた段階では，「Tom が公園を散歩した」という仮定を呼び出す必要はないのである．第2文を聞いた段階ではじめてその仮定を呼び出すのである．この仮定を呼び出すことによって，全体の発話が最適の関連性をもつ命題を表すことになり，関連性の原理と合致するのである．このように，指示付与も前方照応表現の解釈も関連性の原理の制約下にあるといえる．

(3) 拡　　充

1.1節(f)で述べたように，発話の表出命題を得るためには，曖昧性の除去と指示付与だけではなく，省略要素を補充し，必要な情報を付加する，という**拡充**(enrichment)の作業も必要である．たとえば，(18b)「狭すぎるわよ」を＜太郎が洋子と密会する部屋としては狭すぎる＞と解釈することも論理的には可能であろうが，(18b)の聞き手(太郎)が，復元する命題ではない．この解釈は，関連性の原理と合致しないゆえに排除されるのである．

注意すべきは，Grice は，この拡充の側面を「言われている内容」ではなく「会話推意」として分析しようとしている，という点である．この点を *and* の扱いを例にして説明しておこう．周知のとおり，S_1 and S_2 のタイプの構文には，いくつか異なった読みがある．

(113)　John lives in England and Peter lives in France.

(114)　She handed him her key and he opened the door.　(=79a)

(115)　Peter got angry and Mary left.

(113)は，S_1 と S_2 がともに真であることだけを表しており，*and* は真理関数的である．したがって，S_2 and S_1 と倒置しても意味は変わらない．それにたいして，(114)は S_1 の後で S_2 が生じた，という時間的順序を表しており，真理関数的ではない．また，(115)は，S_1 が原因で S_2 が生じたという因果関係を表しており，やはり真理関数的ではない．したがって，(114)(115)は S_2 and S_1 と倒置すると意味が変わってしまう．

さて，この事実を説明する方法として，英語の *and* には，①真理関数的意味，② *and then*，③ *as a result* という三つの意味があり多義的である，という説がある．しかし，Grice(1975)が指摘するように，この説には難点がある．まず，(113)〜(115)を他の国語に翻訳したとき *and* に相当する接続詞を用いるが，それらは英語と同様の仕方で①②③の解釈を得る．ところが，一般に，多義的な語の翻訳が同じ仕方で多義的になることはあり得ないはずである．また，②③の意味は，コンテクスト次第でとり消し可能である．また，1.3節(e)(III)でも触れたが，(113)〜(115)の *and* の代わりにピリオドを用いても，①②③の解釈を自然に得ることができる．これらの事実は，*and* にたいする②③の意味が言語的なものではなくて，コンテクストから得られた語用論的なものであることを示唆する．Grice は，上の理由から，*and* の言語的意味は，

①の真理関数的意味だけであり，他の解釈は，「会話推意」として処理すべきである，と主張した．たとえば，②の意味は，Griceの格率(59) IV (d)「順序立てて述べよ」から計算できるものである，とした．

Carston (1988) は，関連性理論の立場から，Grice のこの扱いには問題がある，と指摘する．まず，Grice の格率には，③の意味を説明できるものは存在しない．また，Grice の会話推意の理論には，暗黙のうちに，(116)のような仮説があった．

(116) 文の言語的意味はその文の真理条件にほかならないが，会話推意は文の真理条件には寄与しない．

たとえば，1.3 節 (d) (I) で述べた (67) の例において，(68) が (67b) の会話推意であるとみなされたが，(68) は (67b) の真理条件には寄与しない．それだからこそ，会話推意は矛盾することなくとり消し可能なのである．では，もし，*and* の言語的意味が真理関数的意味だけであって，たとえば，因果的読みは推意だとするならば，

(117) What happened was not that Peter got angry *and* Mary left but that Mary left *and* Peter got angry.

は，真理条件のレベルでは，*What happened was not P but P* と述べていることになるので，矛盾文のはずである．ところが，(117)は矛盾文ではない．このことは，*and* がもつ因果的読みは，語用論的なものであるが，会話推意ではなく，文の真理条件に寄与することを示している．おおむね以上のような理由で，Carston は，*and* がもつ時間的順序の読みや因果的読みは言語的意味でもなければ，推意でもなく，むしろ発話の表出命題に寄与し，表意を構築する，と主張する．*and* のもつ②③の意味は，<S_1 and S_2 によって話し手が言おうとしている内容のうち，語用論的に決定される側面>を表しているのである．またそこから，Carston は，Grice の (116) を退け，代わりに (118) を提案するのである．

(118) 文の真理条件は文の言語的意味だけでは規定できず，コンテクストに照らした語用論的推論が不可欠である．

ある言語現象が意味論の問題か語用論の問題かはしばしば論争の対象になるが，*and* の例にたいする Carston の議論は，この種の論争にたいして見事な解決例を示したものであり，関連性理論の正当性を裏付けるものといえよう．

(d) 高次表意

ここで，次の会話を考えよう．
- (119) a. 洋子: お願いですから，明日も必ずいらしてくださいね．
  b. 太郎: 明日は来ることができないよ．

この対話において，(119b)の発話の表出命題はおおむね，(120)である．
- (120) 太郎は，明日，洋子の家へ来ることができない．

しかし，(119b)の発話にたいする解釈はその表出命題(120)を把握することで完結するものではない．もし，太郎が残念そうな顔の表情と声の調子で(119b)を口にしたとしよう．このばあい，洋子は，太郎の発話の解釈として，(120)だけでなく，(120)を一部に埋め込んだ次のような命題をも把握するのが自然であろう．
- (121) 太郎は，(120)の事実を告げている．
- (122) 太郎は，(120)が真であると心から信じている．
- (123) 太郎は，(120)の事実を残念に思っている．

(121)は，いわゆる**発話の力**(illocutionary force)についての言明であり，(122)(123)は表出命題(120)にたいする話し手の**心的態度**(propositional attitude)を表明している．しかし，いずれも文(119b)の言語的意味に依拠し，それに肉付けする仕方で得られる情報であることにかわりないので，これらは，**高次表意**(higher-level explicature)と呼ばれる．聞き手(洋子)は，太郎の声の調子や顔の表情，言語外の多様な情報，さらには論理的推論などを駆使してこれらの高次表意を復元するわけである．その際，発話が最適の関連性を有しているという仮定が決定的に効いていることはいうまでもない．

言語形式のなかに，高次表意を明示する装置が登場するケースもないわけではない．太郎が(119b)の代わりに，(124)を発話すれば，(123)を明示的に伝えるであろう．
- (124) 残念だけど，明日は来ることができないよ．

さらに，次のケースを見よう．
- (125) 田中コーチ(佐藤選手に向かって)：率直に言って，君はまだ未熟だね．

この発話の表出命題は，たとえば，(126)のようなものであって，副詞句「率

直に言って」は，表出命題の構築に直接寄与していない．

 (126) 佐藤選手まだ未熟である．

「率直に言って」は，(125)にたいする話し手の態度を示すことに寄与しているのであり，高次表意の構築に言語的な制約を与えている，といえる．つまり，このケースでは，言語記号にコード化されている情報が高次表意の復元に関して明確な手がかりを提供するので，聞き手はコンテクスト情報にそれほど依拠することなく高次表意を復元できるのである．

 ここで注意すべきは，発話の表出命題は，表意の中核を占めることが多いとはいえ，つねに，表意になるわけではない，という点である．たとえば，(127)を見よう．

 (127) a. 太郎：よく晴れていますね．　（空を見上げながら）
    b. 花子：ええ．

(127a)の発話の表出命題自体は花子にとって分かりきっている情報であり，いかなるコンテクスト効果ももたらさない．したがって，もし太郎が，この表出命題を花子に伝える意図で(127a)を口にしているとしたら，関連性の原理と合致しないはずである．太郎が伝えたい内容は，

 (128) 太郎が花子に向かって「よく晴れていますね」と言う．

のような高次表意に求めなければならない．そこから，＜太郎は花子と話をする雰囲気をつくりたがっている＞といった効果がもたらされるかもしれない．

 同様に，(129)のようなメタファーのばあい，話し手が伝達しようとしている内容に，高次表意(131a)は含まれても，表出命題(130)や高次表意(131b)は排除されるであろう．

 (129) 田中課長：あの部長はこの会社のガンだ．

 (130) 佐藤部長は，田中の勤務している会社のガンである．

 (131) a. 田中課長は，(129)を言っている．
    b. 田中課長は，(130)が真であると心から信じている．

田中課長は，(129)を用いて，佐藤部長に関してある心的態度・感想を伝達しているのである．アイロニーのばあいも同様である（関連性理論における，メタファーやアイロニーの扱いについては，Wilson & Sperber(1992)を参照）．

(e) 推　　意

　本項では，従来の語用論研究でもっとも中心的な課題であった**推意**の問題に簡単に触れておこう．たとえば，(48)の対話の例を思い起こそう．佐藤は，(48b)を発話することによって(49)を暗に伝えていた．これは，(48b)の発話の表出命題である(51)と，(50)というコンテクスト情報とに基づき推論されたものである．このばあい，(51)は(49)を「文脈的に含意する」といわれた．また，佐藤の発話は，(50)をも間接的に田中に伝えようとしていた可能性もあることも指摘した．結局，佐藤は，(48b)を発話することによって(49)と(50)を暗に伝えようとしているわけである．このばあい，Grice の枠組みでは，(49)も(50)もともに(48b)の会話推意ということになる．それらは，佐藤(話し手)が，Grice の協調の原則および格率(59)を遵守していると仮定するためには，田中(聞き手)が佐藤に帰すべき想定だからである．

　関連性理論の術語では，(50)は発話が最適な関連性をもつといえるためのコンテクストを示しており，**推意前提**(implicated premise)と呼ばれる．聞き手は，(50)を即座に呼び出すことができ，これを話し手の意図する解釈であると仮定するのである．一方，(49)は，最適の関連性を目指す話し手がもたらすコンテクスト効果を示しており，**推意帰結**(implicated conclusion)と呼ばれる．このように(49)も(50)も関連性の原理と合致する解釈として，聞き手が最初に接近しうる解釈である．

　ここで注意すべきは，推意前提も推意帰結も発話で用いられた文が有する言語的意味(論理形式)の展開や拡充という形でつながりをもつわけではない，という点である．たとえば，(48b)の聞き手が導出する命題(49)は，(48b)の話し手が表出した命題(51)と，言語的意味(論理形式)の展開としてつながっているのではなく，あくまで，(50)のようなコンテクストを仮定してはじめて，推論される別の命題にすぎない．もちろん，(50)と(51)は，言語的意味(論理形式)の上で互いにつながりがあるわけではない．一方，表意の方は，(107)で述べたように，発話で用いられた文の言語的意味(論理形式)をデッサンとして，それを展開し，拡充し，色付けした結果であった．この点が推意が表意と大きく異なる点である．表意と推意がしばしば**明示的伝達**(explicit communication)と**非明示的伝達**(implicit communication)の角度から捉えられるのも，発話で

用いられた文の言語的意味（論理形式）の展開であるかどうかという点で明示性が大きく異なるからである．

さて，(48)の対話の例に戻るが，(48b)の話し手，佐藤は，田中の質問にたいして，「いや，読んでないよ」という直接の返答ではなく，なぜあえて，(48b)のような間接的な返答をおこなったのであろうか．(48b)の発話は，それを処理するうえで，(50)というコンテクストを選択し，そこから(49)を演繹するというまわりくどい処理をおこなわなければならず，それだけ，聞き手の側に余計の処理労力を課しているはずである．関連性原理によれば，発話が最適の関連性を有するのは，聞き手に正当化できない労力を課さないばあいであった．佐藤は，(48b)を発話することによって，「いや，読んでないよ」という直接の返答からは得られない多大のコンテクスト効果の達成がある．(48b)の聞き手は，佐藤がなぜ田中の最新の小説を読まないかの理由が分かるであろうし，佐藤が田中の小説をどれも読んでいないことも分かるであろうし，佐藤の文学観も分かるであろう．(48b)を発話することによって，そのようなコンテクスト効果が得られるからこそ，聞き手側の余計の労力は十分正当化されるのである．

ここで興味深いことは，(48)の談話において，田中自身がプライドがあって，「自分は二流の作家である」ことなど考えたこともないばあいであっても，(48b)の聞き手としては，(50)のようなコンテクスト上の想定をせざるをえない，という点である．もちろん，田中は，(48b)の発話をこのように解釈するいかなる過程でも，（また解釈の終了後も）(50)を正しい仮定として受け入れないであろう．この事実は，発話解釈におけるコンテクストというものが，発話解釈する以前からあらかじめ固定されているものでもなければ，話し手・聞き手が共有している信念や知識でもないことを示唆している．この点は，「コンテクストの創造性」として，関連性理論において強調されている点でもある．

(f) 概念的意味と手続き的意味

一般に，発話の**真理条件**(truth-condition)は，発話の表出命題にのみに依拠するのであって，高次表意には依拠しない．上の例でいえば，太郎による(119b)の発話が真か否かは，(120)のような表出命題が正しいかどうかに依拠するのであって，(121)〜(123)のごとき高次表意は無関係である．同様に，田中コーチによる(125)の発話が真か否かは，(126)が正しいか否かだけによ

って決まるのであって，田中コーチが本当に率直に述べているかどうかに依拠するものではない．ここから，「言う」「告げる」「願う」のような遂行的動詞(performative verb)や「率直に言って」「真面目にいって」「残念なことに」「換言すれば」「例えば」「ここだけの話だけれど」のような文副詞や挿入表現は，**非真理条件的意味**(non-truth-conditional meaning)を担う，とみなされている．注意すべきことは，これらの表現は，当の発話の真理条件には寄与しないものの，それ自体では世界の事実・状態を特徴づける概念的情報を表示し，他の命題と含意関係・矛盾関係といった論理的関係をもちうる，という点である．したがって，この種の表現は，非真理条件的であっても，**概念的意味**(conceptual meaning)をコード化しており，高次表意の一部を構築している，とされる．

しかし，すべての言語表現が概念的意味を担っているわけではない．関連性理論の枠組みでなされた Blakemore(1987, 1988)の一連の研究は，**手続き的意味**(procedural meaning)と呼ばれる，概念的意味とは異質の意味を担う言語表現が存在することを論証している．手続き的意味とは，概念表示をいかに操作し，処理するかについての指令である．そのような手続き的意味は，聞き手の側の発話処理負担を軽くし，そのかぎりで，発話の関連性に寄与するのである．

Blakemore によれば，手続き的意味を有する典型的な表現は，*after all, moreover, but, so, therefore, now, well, however* などの**談話連結詞**(discourse connectives)である．本節(e)で見たように，どの発話もなんらかの推意を伝達する．推意は表意と異なり，もっぱら推論によって得られる．Blakemore (1987)は，談話連結詞の本質を，発話の推意にたいする意味論的制約を課すものとして，つまり手続き的意味を有する表現として分析した．たとえば，*but* を含む次の文を見てみよう．

(132)　John is a Republican but he's honest.

(132)における S_1 but S_2 はおおむね，(133)のような「手続き的意味」を有している，とされる．

(133)　S_1 but S_2 という発話は，S_1 から期待される命題(の一部)を S_2 が否認するようなコンテクストにおいて解釈せよ．

このような分析に従えば，たとえば，(132)の発話を解釈する際，(134)のようなコンテクストが選択される．コンテクスト(134)のもとでは，(132)の S_1 "John is a Republican" は(135)を文脈含意し, (135)は(132)のS₂ "John is honest" によって否認されるわけである.

(**134**)　All the Republicans are dishonest.

(**135**)　John is dishonest.

要するに, (132)の聞き手は, S₁ から期待される命題と S₂ が表す命題との間に否定関係をみてとるためには, S₁ と S₂ が表す命題を同定するだけでなく, その表出命題とコンテクストから別の命題を導く推論をおこなわなければならないのである. *but* は,「しかじかの線で推論せよ」という指令を表しているのである. このように, *but* は, それ自身概念的意味をもつのではなく, この語を含む発話の解釈に際して, ある特定の方向の推論を指令する言語記号にほかならない. 他の談話連結詞 もそれぞれ指令の内容は異なるにせよ, 発話解釈にかかわる推論過程に方向性を与えるという点で「手続き的意味」を有しているのである. たとえば,

(**136**)　a. Barbara is in town.
　　　　　b. David isn't here.　　　　　(Blakemore 1992:135)

(136)において, 後続発話(136b)は 先行発話(136a)をコンテクストとして解釈されるであろう. しかし, (136b)が(136a)といかなる仕方で関連しているかは, 別の文脈仮定が与えられていないかぎり, 明示的でない. (136b)は, (136a)にたいする証拠を表明しているのかもしれないし, (136b)は, (136a)から帰結される命題を表明しているのかもしれない. あるいは, (136b)は, (136a)から帰結される命題をさらに裏付ける命題を表明しているのかもしれないし, (136b)は, (136a)と矛盾する命題を表明しているのかもしれない. (136)の話し手は, 次のような談話連結詞を挿入することによって, これらの発話意図を明示し, 聞き手にたいして, ある特定の種類のコンテクストで発話を処理するように指令するのである.

(**137**)　Barbara is in town. After all, David isn't here.

(**138**)　Barbara is in town. So David isn't here.

(**139**)　Barbara is in town. Moreover, David isn't here.

(**140**)　Barbara is in town. However, David isn't here.

このように, *but, after all, moreover, so, however* のような手続き的意味をもつ表現, つまり発話処理にかんする指令を与える表現は, 聞き手の発話処理負

担を軽くすることによって，発話の関連性に寄与するのである．

一般に，概念的意味についてはそれを固定し，意識にのせることがそれほど困難ではないが，手続き的意味については，それを意識にのせることがきわめて難しい．事実，われわれは，*but, after all, moreover, so, however* のような表現がコード化している情報に心的にアクセスすることはほとんど不可能である．それは，この種の情報が心的表示(mental representations)ではなくて，認知上の心的計算(inferential computations)にかかわっていることを示唆している．一般に，心的計算に意識的にアクセスすることは難しいからである．

Blakemore らによって手続き的意味をもつとされた表現は，Grice のいう「規約的推意」とかなりの部分重なる．1.3節(h)で触れた Grice の「高次発話行為」による分析は，この種の表現の意味を手続き的としてではなく，概念的表示として捉える立場であった，といえる．「規約的推意」と呼ばれてきたものの多くについては，たしかに Grice 流の分析よりも Blakemore 流の「手続き的意味」による分析の方がすぐれているように思われる．しかし，あらゆる「規約的推意」が一様に「手続き的意味」として再構築されうるかどうかは，議論の余地のあるところである．

また，概念的意味が情報の「what の側面」を表示し，真理条件的であるのにたいして，手続き的意味は，その表示された意味をいかに操作するかという，情報の「how の側面」にかかわり，しばしば非真理条件的であることはよく指摘される．しかし，上で見たように，文副詞や遂行的動詞の意味は概念的ではあったが，真理条件的ではないし，最近の研究では，真理条件に寄与する手続き的意味も存在しうることが指摘されている（この点について詳しい議論は，Wilson & Sperber (1993) を参照）．したがって，＜概念的意味と手続き的意味＞の区別を，＜真理条件的意味と非真理条件的意味＞の区別と同一視すべきではない．

「概念的意味」と「手続き的意味」の区別は，発話理解なるものが，心的表示の構築とそれにたいして推論操作を行う心的計算とからなるという認知的事実を反映している．多くの言語表現は，概念表示の構成部分である概念をコード化する．そのかぎりで，これらの表現は心的表示の構築に部分的に寄与する．しかし，若干の言語表現は，特定の種類の推論計算をきわだたせるための手段を提供し，心的計算にたいする制約を与える．関連性理論は，言語形式と発話

解釈との間のこのような複雑な緊張関係を明快に示してくれるといえる．

第 1 章のまとめ

1.1　文の意味をコンテクストから切り離して扱う分野が意味論であり，具体的なコンテクストのなかで文が使用されたときに有する情報を扱う分野が語用論である．発話は，文が使用される典型例である．話し手が発話に託したメッセージを聞き手がいかに解釈するか，その際，コンテクスト情報はいかに使用されるか，そこに一般的な法則や制約があるか，という問題が語用論の中心テーマとなる．この問題を考えるとき，文の意味と発話解釈との間に大きなギャップがあることに注目すべきである．

1.2　発話解釈の基本となる単位は命題である．発話の表す命題を決定するためには，文の曖昧性を排除し，代名詞などの指示表現にしかるべき指示対象を割り当て，省略要素を補い，不定の要素を特定なものに変え，拡充していく作業が必要である．発話解釈にとって重要な役割を果たすものは，命題と命題とのあいだの関係のひとつである「含意」である．含意には，論理的含意，意味論的含意，文脈的含意があり，それらを互いに区別することが重要である．

1.3　発話解釈を聞き手によるコード解読とみなし，言葉によるコミュニケーションが可能であるのは，ひとがそのようなコードを身につけているからである，とみなすコミュニケーション理論は「コードモデル」と呼ばれる．一方，聞き手は発話の背後にある話し手の意図について仮説をたて，推論していくとみなす立場は「推論モデル」と呼ばれる．Grice のコミュニケーション理論は後者のモデルである．Grice は，協調の原則と四つの格率を提示し，話し手がこれらを遵守するという前提で，会話推意の諸現象が説明できる，とした．会話推意は特定的会話推意と一般的会話推意に下位区分される．

1.4　Sperber と Wilson によって開発された「関連性理論」は語用論の最新のモデルであり，Grice の理論の自然な発展形である．この理論では，発話解釈というものを，聞き手の心的表示に対して操作された演繹的推論メカニズムであり，その操作は「人間の認知系は自分にとって関連ある情報に注意を払うようにデザインされている」という関連性の原理によって支配されている，と考える．関連性を決定する要因には，コンテクスト効果と処理労力の二つがある．関連性理論では，話し手の行為は，最適の関連性を目指していると仮定され，その仮定から，発話解釈の諸現象が解明され，Grice 理論に内在する諸問題も克服される．

2
談話の意味表示

【本章の課題】

　本章では，談話レベルを対象とする意味論を取り扱う．ひとくちに「談話を対象とする意味論」といっても様々なアプローチが考えられるが，本章が取り上げるのは，その中でも，形式意味論の枠組みを踏まえた理論，および形式意味論との密接な関連の中で発展してきた理論に限っている．

　このことから，本章は，本叢書第4巻『意味』の第2章「論理的アプローチ」の続編のような性格を持った章になっており，本章の中には，第4巻第2章と密接な関連を持った記述が多く現れてくる．読者の方々が本章を読まれるに際して，この関連についてあらかじめ念頭に置いていただければ幸いである．

2.1 文の意味解釈から談話の意味解釈へ

一つの文に対する意味論は，第4巻第2章でも詳しく触れられているとおり，R. Montague が確立した方法によって，厳格に規定していくことができる．そうとう複雑な構造の文であっても，とにかく一つの文であれば，Montague の方法を補充，拡張していくことで，形式的に厳密な意味解釈を与える道がすでに明確になっていると言えよう．

ところが，一つの文に対してだけではなく，談話全体に対する意味解釈を与える，という課題に対しては，1文だけを対象としていた場合には生じなかった困難が現れてくる．その困難とはどういう点なのかを，具体例によって見てみよう．なお，この具体例は，本来ならば日本語の例文を用いるべきところであるが，これから説明しようとしている問題に関しては，日本語の場合，表面に形が現れないいわゆる「ゼロ代名詞」になったり，「視点」の問題がからまってきたりして，複雑になるので，ここでは，問題とする現象がはっきり観察できる英語の例を用いることとする．

(1) a. A student told me that she had the book.
b. A student came out of the library. She had a book.
c. Some students told me that they would go to the University bookstore.
d. Some students came out of the library. They went to the University bookstore.
e. Every student in our department told me that he would go to the University bookstore.
f. Every student$_i$ in our department came out of the library. *He$_i$ went to the University bookstore.

(1)は三つのペアからなっており，(1a,c,e)は単文，(1b,d,f)は二つの文からなる談話である．2文から構成される談話というのは，もちろん談話の中で最小のケースであるが，このような一見きわめて単純な談話ですら，それに厳密な意味解釈を与えようとすると，以下のような問題点があることが分かる．

まず，(1a)と(1b)のペア，および(1c)と(1d)のペアでは，いずれも，*she* や

they といった代名詞が，それぞれ *a student*, *some students* を指す（厳密に表現すれば，「同一指示の関係を持つ」）ことができる点に注意しよう．ところが，その次の(1e)と(1f)のペアでは，状況が異なっている．(1e)では，埋め込み文の中の *he* が主文の *every student in our department* を「受けている」解釈が可能である．つまり，(1e)では，次の(2)に示すような意味解釈が可能である．

(2) $\forall x[x: \text{student-in-our-department}][x \text{ told me that } x \text{ would go to the University bookstore}]$

これに対して，(1f)では，*he* は，前の文の *every student in our department* を「受ける」ことができない．

このことは，*a student*, *some students* と *every student* との間に，働きの上で何か決定的な違いがあることを示している．ところが，一つの文に対する意味論では，量化子†の取り扱いはすべての量化子について統一的に構想されていたのであるから，この例は，そうした1文レベルでの意味論的取り扱いを単純に談話に拡張することはできないことを，はっきりと示しているのである．

次に，代名詞が前文の中の要素と同一指示の関係を持てる(1b,d)の場合にも，実は重大な問題が生じている．前の文の処理が終わった段階で，(3)に示すような意味解釈が得られている．

(3) $\exists x[student(x) \land come\text{-}out\text{-}of\text{-}the\text{-}library(x)]$

これに，第2の文の処理が続くわけであるが，このとき，二つの文の意味解釈を単純に and($\land$) でつないだとすると，例えば，(1b)の場合を取り上げると，次の(4a)か または(4b)のような論理式表記を得ることになろう．

(4) a. $\exists x[student(x) \land come\text{-}out\text{-}of\text{-}the\text{-}library(x)]$
$\land \exists y[book(y) \land have(x, y)]$
b. $\exists x[student(x) \land come\text{-}out\text{-}of\text{-}the\text{-}library(x)]$
$\land \exists x \exists y[book(y) \land have(x, y)]$

ところが，(4a)は，2文目を処理した結果出てきた最後の x が，適切な束縛を受けずに自由変数のままになっており，全体として不適格な論理式表記である．(4b)は，この欠点を解消しようとして，第2文目の処理結果の先頭に，変数 x を束縛するための存在量化子を置いたものであるが，この論理式の解釈は，文(1b)の意味解釈とは全然異なってしまっている．つまり，文(1b)は，図書館から出てきた学生が本を持っていた，という意味であるのに，論理式(4b)

の解釈では，図書館から出てきた学生と本を持っていた人物とが全然別であっても一向にかまわないわけである．

実際，文(1b)の意味解釈を正しく表示している論理式は，次の(5)でなければならない．

(5) $\exists x[student(x) \land come\text{-}out\text{-}of\text{-}the\text{-}library(x) \land \exists y[book(y) \land have(x,y)]]$

つまり問題は，談話の意味解釈において，すでに「閉じて」しまっている第1文の意味解釈(3)の中に，どのようにすれば，第2文が与えてくれる情報内容を「繰り入れ」て(5)のような意味解釈を得ることができるのか，ということに帰着するのである．

こうした，談話のレベルではじめて生じてくる問題を解決する方策として，これまでに提案されたもののうち，主要なものは次の三つである．

(i) 第1文の処理の段階では，変数は自由変数のままとしておく．

つまり，(3)のように，第1文の処理の段階で量化子によって全体が閉じられてしまっているから，第2文の処理で苦労するわけであり，変数を自由変数のままにしておいて，後の文の内容もどんどんつけ加えていき，最後に談話が一定のまとまりをなした段階で，談話内容全体を量化子でくくればよい，という考え方である．

この考え方を形式的に洗練したものが，H. Kamp による談話表示理論である．

(ii) 第2文に現れる代名詞は，第1文で導入された指示対象に対する記述の代用である，と見なす．

つまり，例えば(1b)の第2文に現れる *she* は，*the student who came out of the library* の代用表現であると考えるのである．この考え方を発展させて体系的に提示したのが G. Evans であり，この解決策を E-タイプ・アプローチと呼ぶ．

(iii) 論理学における新たな枠組みを取り入れる．

これは，動的論理(dynamic logic)と呼ばれる論理学における新たな発展を，この問題の解決に直結させようという立場である．

現在最も活躍している意味論学者のひとり G. Chierchia の著書 Chierchia (1995)において，この考え方の体系的な展開がなされている．この考え方は，**動的アプローチ**(dynamic approach)と呼ばれる．

これら三つのアプローチのうち，第3の「動的アプローチ」については，すでに第4巻2.5節で詳しく解説されているので，本章では残る二つのアプローチを取り上げる．

さらに，こうした形式意味論的アプローチとは異なった問題意識から出発しつつ，きわめて興味深い理論を作り上げている G. Fauconnier のメンタル・スペース理論，およびこのメンタル・スペース理論をベースにしながらも独自の発展を遂げている田窪・金水の談話管理理論について，それぞれ節を立てて解説することにする．

2.2 談話の中における文の意味解釈

個々の理論の説明に入る前に，以下で取り上げるすべての理論に基本的に共通している，文と談話との関係のとらえ方について，あらかじめまとめておこう．

形式意味論の立場では，文の意味とは，その文が真となるために世界が満たしていなければならない条件，すなわちその文の「真理条件」を指定することであった．この考え方は，「文」が「談話」に代わっても基本的には同じである．つまり，談話の意味とは，その談話全体が真となるために世界が満たしていなければならない条件，すなわちその談話の「真理条件」を指定することである，と考えられる．

ここで，「談話の真理条件」とはどういうものかが問題になってくる．これは，談話とは文が次々に連続してつながったものであることを考えれば，前節でも少し見たように，文に対する真理条件が，次に別の文が続くことによって，より限定的な条件へと強められていく，というように考えることができる．これによって，そうした条件を満たす世界（モデル）は，談話が進行するにつれて，より限定されていくことになる．文の意味を，その文の真理条件を満たすような世界の集合，と捉えることもできるが，この捉え方で言うと，談話が進行するにつれて，そのような世界の集合は，次々に真部分集合へと「縮まって」いく，というわけである．

このことを，やや見方を変えて，文がもたらす情報，という観点から考え直してみよう．

2.2 談話の中における文の意味解釈 61

　説明を分かりやすくするために，まずはじめに，文を解釈する側の立場，つまり聞き手なり読み手なりの立場から見てみよう．談話の進行に伴って，談話の中の文から新たな知識が供給されて，聞き手の知識状態はより内容豊富なものへと更新されていく．この，文による(聞き手の)知識状態の更新は，次の(6)が示しているような過程である，と考えられる．

　(6)　　知識状態 K_{n-1} $\Longrightarrow$ 文 S_n $\Longrightarrow$ 知識状態 K_n　　$(n=1,2,3,\cdots)$

この図から分かるように，談話の中の文は，その文が発話される前の知識状態を入力として取って，新たな知識状態を出力するような関数である，と見なすことができる．この観点から見る場合，この関数のことを**アップデート関数**(update function)と呼ぶ．つまり，談話の中における文の意味機能は，まさにこのアップデート関数そのものである，と捉えることもできるわけである．

　このように，談話の中で各文が果たしている意味を「知識状態の更新」という観点から捉えることは，古典的なモンタギュー意味論のように1文だけを取り出して考察していた段階では，決して到達することのできなかった視点である．文を談話の中に置いて考えることによってはじめて，各文がもたらす情報によって知識状態が次々に更新されていく，というモデルを立てることができるようになったのである．

　また，この説明は聞き手の方の知識状態の更新を中心にしているが，言うまでもなく，実際の談話では，同一人物が，ある文では話し手となり別の文では聞き手となる，という具合に進行していく．したがって，「知識状態の更新」という上の説明を話し手の側から見ることも当然必要になる．

　この場合，文の意味機能を，「聞き手が知識状態を適切に更新するための，話し手の側からのシグナル，指示」と考えるのが最も分かりやすいだろう．実際，2.6節で解説する「談話管理理論」は，この考え方に基づいて，日本語の「コ・ソ・ア」の使い分けや文末の談話マーカー(終助詞)の機能を，すべて話し手から聞き手へのシグナルとして説明している．

　以下に本章で解説する理論は，すべて本節で説明した「文による知識状態の更新」というモデルに基づいて立てられた理論である．たとえ一つの文だけを扱っているように見える場合でも，その文がもたらす知識状態の更新のメカニズムを解明しようとしている．そして，この点が，談話から切り離された文を対象にしていた Montague の古典的意味論に比べて，今日の形式意味論が大き

く進歩・発展してきたことを物語っていると言える．

2.3 談話表示理論

(a) 談話表示理論の基本的枠組み

談話表示理論(discourse representation theory)は，もともと「ロバ文」(donkey sentence)をめぐる難問を解決するために提唱された理論であり，第4巻第2章でも紹介されているが，この節において詳しく解説する．

次の(7a,b)のような文がロバ文と呼ばれるものである．これらのロバ文は，ロバ文ではない(7c,d)と比べてみるとき，その意味解釈の上で，たいへん大きな違いが見られる．

(7) a. If a farmer owns a donkey, he beats it.
　　 b. Every farmer who owns a donkey beats it.
　　 c. If a farmer owns a donkey, he is happy.
　　 d. Every farmer who owns a donkey is happy.

(7c,d)では，*a donkey* という不定名詞句は，普通の場合の解釈のとおり，存在量化子に対応する意味解釈を持っている(存在量化子や，これとペアをなす普遍量化子についても，第4巻を参照されたい)．それに対して，ロバ文の場合には，まったく同じ不定名詞句でありながら，通常の解釈とは違って，存在量化子ではなく，普遍量化子に対応する意味解釈を要求しているのである．

それでは，談話表示理論においてどのようにしてこのロバ文の正しい意味解釈を得られるのか，以下に見ていくことにしよう．まず，次の(8)のような簡単な二つの文からなるミニ談話を例に取ろう．

(8)　 Jones has a book on semantics. He uses it (in his class).

談話表示理論では，談話の意味解釈を表わすために **DRS**(discourse representation structure, **談話表示構造**)という表示を用いる．各 DRS は，その談話に登場する**談話指示子**(discourse referent, 名前は referent となっているが，変数 variable のことであると考えてよい)をまとめて列挙する部分と，それらの談話指示子に対する条件を列挙する部分とから成り立っている．そして，談話指示子が DRS に新しく導入される仕方には，次の(9)のような重要な DRS

構成規則が立てられている．

(9) **DRS 構成規則 1**

   固有名詞と不定名詞句は，DRS にまったく新しい談話指示子を導入する．

この原則を例文 (8) の第 1 文に適用すると，次の (10) に示されるような DRS が構成されることになる．

(10)
```
┌─────────────────────┐
│        x y          │
├─────────────────────┤
│      Jones(x)       │
│ book on semantics(y)│
│       x has y       │
└─────────────────────┘
```

ここで，DRS 全体が横線によって二つの部分に分けられていることに注意してほしい．上の部分が，x, y という，(10) の第 1 文に現れてくる二つの談話指示子を列挙してある部分であり，下の部分が，談話指示子である x と y に課されている条件を列挙した部分である．

条件は縦に三つ並べられているが，これら三つが「かつ」(and) の関係で並べられているものと解釈される．したがって，DRS(10) は，最終的には次の論理式 (11) と同じ解釈を受けることになる．

(11) $\exists x \exists y [Jones(x) \wedge \textit{book-on-semantics}(y) \wedge \textit{have}(x, y)]$

(11) は，$Jones$ を表す個体定数を j とおけば，意味解釈を変えることなく，次の (12) のように整理される．

(12) $\exists y [\textit{book-on-semantics}(y) \wedge \textit{have}(j, y)]$

次に，ミニ談話 (8) に戻って，第 2 文がどのように処理されるのかを見よう．第 2 文には，he と it という代名詞が現れている．DRS を構成していく際に代名詞がどのように取り扱われるかを定めているのは，次のような DRS 構成規則 2 である．

(13) **DRS 構成規則 2**

   代名詞は，DRS に新しい談話指示子を導入するが，その談話指示子は，すでに DRS に導入されている談話指示子のうちのどれかと同一視されなければならない．

なお，談話が進行している現場にある対象 (人やもの) を指して代名詞が用

いられる場合ももちろんあり，このような代名詞の用法を，**現場指示の用法**と呼んでいるが，(13)はこの現場指示の用法については適用対象としていない．(13)が適用されるのは，代名詞が先行文脈に現れている要素を指して用いられている場合である．このような代名詞の用法を，現場指示の用法と対比させて，**文脈指示の用法**と呼ぶ．

現場指示の代名詞については，基本的には，談話の中に新たな指示対象が導入されることになるので，前のDRS構成規則1が適用されて，新たな談話指示子がDRS内に導入される．

そこで，この規則(13)を(11)の第2文に適用すると，he と it とが，それぞれ u と v という談話指示子をDRSに導入するとして，それらの談話指示子がすでにDRSに導入されている x, y と同一視される結果，最終的に次のDRS(14)が構成されることになる．

(14)
x y u v
Jones(x)
book on semantics(y)
x has y
u = x
v = y
u uses v

等号関係を整理すれば，DRS(14)は，次のDRS(15)に簡単化される．

(15)
x y
Jones(x)
book on semantics(y)
x has y
x uses y

このように，談話表示理論は，きわめて単純なメカニズムによって，文を越えた談話レベルにおける意味解釈を可能にしていることがわかる．

上で説明したDRS構成規則を用いることによって，次のミニ談話(16a)に対しては，DRS(16b)が構成されることがわかる．(16b)には，等号を整理して見

通しをよくした後の DRS を示してある．

(16)　a.　A farmer owns a donkey. He beats it.

　　　b.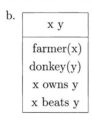

次に，(7a)や(7c)のような条件文に対して，どのような DRS が構成されるのかを見てみよう．実際にはこれは単純で，文字どおり，「A ならば B」という，論理学で言う**含意**(material implication)の関係が構成される．すなわち，まず(7c)に対しては，次の DRS(17)が構成される．

(17)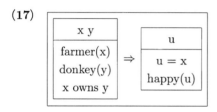

この DRS は全体が一つの DRS であり，その中に二つの DRS が「入れ子」になっていて，その両者が ⇒ (ならば) の関係で結ばれている，という構成になっている．「入れ子」になっている二つの DRS のうち，左側の DRS を K1，右側を K2 と呼ぶことにする．テクニカルな細部にはここでは立ち入らない(そうしたテクニカルな詳細に興味をお持ちの読者は，Kamp & Reyle(1993)の第2章第2節を参照していただきたい)が，「K1 に挙げられているような条件を満たす x, y に対して，必ず，K2 に挙げられているような条件を満たす u が存在する」という内容の意味解釈を受ける．K2 に現れている等号関係を整理して考えれば，この意味解釈は，「農夫である x がロバである y を所有しているならば，その農夫 x は幸せである」という内容に相当することがわかる．

まったく同様にして，ロバ文(7a)に対しても，ごく自然な形で，次の DRS (18)が構成される．

(18)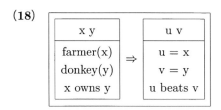

このDRSに対して，上で説明した意味解釈の規則を適用してみると，このDRSに対する意味解釈は，これまでのとおり等号関係を整理して考えて，「農夫である x がロバである y を所有しているならば，その農夫 x はそのロバ y をぶつ」という内容に相当していることがわかるだろう．

これはまさに，農夫とロバとの両方に普遍量化子がかかっている，次の(19)の論理式が表している内容にほかならない．

(19) $\forall x\,[x: \text{farmer}]\,\forall y\,[y: \text{donkey}][(x \text{ owns } y) \rightarrow (x \text{ beats } y)]$

このようにして，談話表示理論は，なんら特別のメカニズムを用いることなく，ロバ文の意味解釈をめぐる難問を，いともあっさりと解決してみせたのであった．談話表示理論が形式意味論の世界で非常に大きな注目を集めるようになり，古典的なモンタギュー意味論の次の世代をになう理論として，状況意味論や動的意味論などと並んで，最有力の理論の一つと認められるようになった（この間の事情については，第4巻2.3節を，ぜひとも参照されたい）のも，このロバ文の問題の解決が最大のきっかけとなっているのである．

次に，(7b)や(7d)のような *every* を含んだ文についても，談話表示理論は，条件文とまったく同じDRSを構成するものと考えている．したがって，(7b)(7d)に対するDRSは，それぞれ，(18)(17)である，ということになる．

ロバ文をめぐる話題の最後に，談話表示理論の成功を示すもう一つの重要なケースを挙げておこう．それは，次の(20)に見られる本質的な対比に対して，談話表示理論はきわめて自然な説明を与えることができる，という点である．

(20)　a. A farmer owns a donkey. He beats it.　(16a)
　　　b. Every farmer owns a donkey. *He beats it.

(20a)に対するDRSの構成については，すでに上の(16)のところで説明したとおり，第2文が提供する情報が，第1文によって構成されたDRSに付け加えられる，という形を取り，これにより，(16a)のミニ談話全体に対するDRSが

うまく構成される．

これに対して，(20b)の場合を考えてみると，まず第1文によって，上で説明した手順に従って，次のDRS(21)が構成される．

(21)
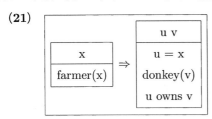

次に，第2文が提供する情報を処理して，代名詞 he と it にそれぞれ対応する新たな談話指示子の w と z を導入し，それらの談話指示子に対する条件をつけ加えると，下のDRS(22)が構成される．ここで，上に説明したDRS構成規則2に従って，この w と z を，すでにDRS内に導入されている談話指示子と同一視する必要があるわけである．ところがこのとき，同一視の対象となるべき x と v が，全体のDRSの内側にある，入れ子の方のDRSの中の談話指示子であって，一番外側のDRS全体に対する談話指示子ではない，という点に注目してほしい．

(22)
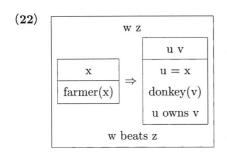

これに対して，新たな談話指示子である w と z は，あくまで一番外側のDRSに対して導入されているわけである．こういう場合には，DRS構成規則の上で，「x や v は，w や z から**到達可能**(accessible)**ではない**」といい，このような状況になると，上のDRS構成規則2が適切に適用できなくなる．つまり，x や v は，到達可能ではないために，規則2でいう「すでにDRSに導入されている談話指示子」の候補になることができなくなるのである．このことから，

全体として，第2文の情報を組み込んだDRSを正しく構成することができないことになる．これがすなわち，上の(20b)の第2文の非文法性の，談話表示理論による説明となっているのである．

(b) 談話表示理論によるテンス・アスペクト形式の説明

談話表示理論は，Partee(1984)，Kamp & Reyle(1993)らによって，テンス・アスペクト形式†の体系だった説明を可能にする理論へと拡張されていった．本項では，談話表示理論によるテンス・アスペクト形式の説明について，日本語のミニ談話を例に取りながら，見ていくことにしよう．

次の(23)のaとbとを比べてみられたい．

(23)　a. 明子が会社から帰宅した．母は会社の課長に電話した．
　　　b. 明子が会社から帰宅した．母は会社の課長に電話していた．

「タ」形が使われている(23a)では，帰宅した後に，母が連絡などのために会社に電話したのだ，と解釈されるのに対して，「テイタ」形が使われている(23b)では，母が会社に電話している最中に，明子が帰宅したのだ，と解釈される．

談話表示理論では，このような解釈の違いに代表されるテンス・アスペクト形式の意味解釈をも，理論的説明の対象として取り込めるように，従来から談話表示理論とは独立した流れとして形式意味論の中で行われてきた，**イベント意味論**(event semantics)の枠組みを組み込むようになってきている．

イベント意味論は，言語哲学の領域でもめざましい業績を挙げた，20世紀のアメリカ哲学界を代表する哲学者の一人であるD. Davidsonが構想した内容を基礎としている．イベント意味論では，その名前の示すとおり，文の意味解釈をイベントを中核として行なう．具体例で説明すると，次の(24a)の文の意味解釈を，(24b)のように考えるのである．

(24)　a. 健が奈緒美に昨日公園でプレゼントを渡した．
　　　b. 渡す$(e) \land Agent\,(e, 健) \land Theme\,(e, プレゼント) \land Goal\,(e, 奈緒美) \land Place\,(e, 公園) \land Time\,(e, 昨日)$

(24b)は，まず(24a)の文全体を，「渡す」というイベントを表した文であるととらえている．(24b)の一番初めの表示「渡す(e)」は，このことを示している．そして，それから後の各項はすべて，そのイベントeに対しての規定になっており，たとえば，$Agent(e, 健)$は，イベントeを意図的に引き起こした$Agent$

は健であること，$Place(e, 公園)$ は，イベント e が起こった場所が公園であること，をそれぞれ表示したものである．

このようなイベント意味論のアプローチの利点の一つとして，上の日本語の例でも見られた，「公園で」や「昨日」といった副詞句の取り扱いが，(24b)で示したように，主語や目的語といった，いわゆる「必須項」の取り扱いと同様の方式でできる，という点が挙げられる．

テンス・アスペクトの意味解釈の問題は，当然のことながら，時の副詞句の意味解釈の問題と密接に関連しているので，テンス・アスペクトの取り扱いにおいても，イベント意味論がその利点を大いに発揮することが期待されるわけである．

こうした理由によって，談話表示理論においても，イベント意味論の成果を積極的に取り入れるようになっていて，最近では，談話表示理論の枠組みで発表される論文のうち，イベント意味論を組み込んだ形式を採用しているものが大多数を占めるようになっており，現在の談話表示理論は，イベント意味論を包摂した理論になっていると言ってもさしつかえないであろう．

さて，イベント意味論の枠組みから，上の例文(23)の第1文の意味解釈を記述すると，(25)のようになる．

(25)　帰宅$(e) \land Agent\,(e, 明子) \land Source\,(e, 会社)$

$Source$ というのは，「帰宅」イベントの「起点」を表示しているものと考えていただきたい．

このイベント意味論による意味解釈を取り入れるために，談話表示理論では，前節で説明した談話指示子に加えて，イベントを指示する談話指示子である e を導入し，(25)の内容を，次の(26)のような DRS で表す．

(26)

e x y
明子 (x)
会社 (y)
e: 帰宅 (x,y)

ただし「帰宅(x, y)」は，「x が y から帰宅する」という意味内容を表示しているものとする．

次に、テンス・アスペクト形式を扱うために、イベントを、談話が行なわれている時間(**発話時**, speech time)との関係において時間軸上に位置づけることを考える。そのために、発話時を表す談話指示子として、新たに n を導入する。n は、いわば「定数」であって、発話の起こった時点を表す談話指示子である。

この n を「基準点」とすることにより、上の(26)のDRSに、イベントの起こった時(**イベント時**, event time)を明示的に表示し、次の(27)のようなDRSが得られる。

(27)

n e x y t
$e \subseteq t$
$t < n$
明子 (x)
会社 (y)
e: 帰宅 (x,y)

ただし、$e \subseteq t$ は、「イベント e が起こった時刻は、時間帯(形式意味論では、**インターバル**(interval)という用語が使われる) t に含まれている」ということを表しており、次の行の $t < n$ は、「時間帯 t は、全体が発話時より以前に位置づけられる(定義風に言いかえれば、時間帯 t の終端時刻が発話時より以前である)」ということを表している。なお、ここでは Kamp & Reyle(1993)にならって、t は時刻の点ではなく、時間帯を表す記号として使っている。

ここで、(23a)の談話に戻って、第2文がどのように処理されるかを考える。日本語において、(23a)のように、「タ」形で終わる文が続けて現れる場合には、通常、上にも述べたとおり、イベントが継起的に起こっていく、という解釈が自然である。そこで、その直観をとらえるために、第2文の「タ」形によって、(23a)のミニ談話全体に対するDRSとして、次の(28)が構成されるように、「タ」形に伴うDRS構成規則を設定しておけばよいのである。

(28)

$$\begin{array}{|l|}\hline n\,e\,e'\,x\,y\,z\,v\,t\,t' \\ \hline e \subseteq t \\ t < n \\ 明子\,(x) \\ 会社\,(y) \\ e:\ 帰宅\,(x,y) \\ e' \subseteq t' \\ t' < n \\ e < e' \\ 母\,(z) \\ 課長\,(v) \\ e':\ 電話\,(z,v) \\ \hline \end{array}$$

ただし「電話(z,v)」は,「zがvに電話する」という意味内容を表示しているものとする.

この DRS(28) に記載されている,二つのイベント e と e' との時間的な関係を規定している条件 $e < e'$ によって,「電話」イベントが,「帰宅」イベントに後続するイベントであることが表示されている.

これに対して,(23b) に見られる「テイタ」形の第2文を処理した結果の,このミニ談話全体に対する DRS は,次の (29) のとおりとなる.

(29)

$$\begin{array}{|l|}\hline n\,e\,e'\,x\,y\,z\,v\,t\,t' \\ \hline e \subseteq t \\ t < n \\ 明子\,(x) \\ 会社\,(y) \\ e:\ 帰宅\,(x,y) \\ e' \circ t' \\ t' < n \\ e \subseteq e' \\ 母\,(z) \\ 課長\,(v) \\ e':\ 電話\,(z,v) \\ \hline \end{array}$$

式 $e' \circ t'$ は,「e' と t' とが重なり合う部分を持つ(オーバーラップしている)」という意味であり,基準点がどのように設定されるかが,先の第2文が「タ」形のミニ談話に対する DRS とは違っていることを示しているのであるが,我々のここでの議論には直接の関係はないので,無視しておいていただきたい.ここで重要な点は,二つのイベント e と e' との関係を規定する式が,DRS (29) では,(28) とは違って,$e \subseteq e'$ となっていることである.

この式は,イベント e が起こった時間が,イベント e' が起こった時間の中に含まれている,ということを意味している.これによって,(23b) のミニ談話の場合は,「電話」イベントが起こっているさ中に「帰宅」イベントが起こった,ということが示されているわけである.

これまでの日本語の例で見てきたのは,テンスとしては過去に属する形が連続して出現する場合に,二つ目の過去形が表しているイベントが,一つ目の過去形によって示されているイベントに対して,後続するイベントなのか,それとも同時並行的に起こっているイベントなのか,という区別に対応して,2番目の文の動詞の形が変わる(つまり,テンスとしては同じ過去であっても,アスペクトとして区別される,ということであるが)という現象である.この現象は,日本語に限らず,多くの言語で広く観察される現象であって,言語のテンス・アスペクト体系における一つの基本的な区別であると言える.

たとえば,英語とフランス語では,上の日本語の例と同様の対比が,次の (30) のような形で現れる.

(30) a. Mary came back home from her office. Her mother made a call to her company.

b. Mary came back home from her office. Her mother was making a call to her company.

c. Marie est rentrée de son bureau. Sa mère a téléphoné à son directeur.
(a téléphoné は,「複合過去形」という形で,ほぼ日本語の「タ」形に相当するような意味を持っている.)

d. Marie est rentrée de son bureau. Sa mère téléphonait à son directeur.
(téléphonait は,「半過去形」という形で,ほぼ日本語の「テイ

タ」形に相当するような意味を持っている.)

英語やフランス語に見られるこのような対比についても，本節で見てきた日本語の「タ」形と「テイタ」形に対する DRS 構成とまったく同様の方法で，それぞれの文の意味解釈に際して，適切な区別ができることが分かるだろう．実際，(30c)と(30d)に示したフランス語の区別は，イタリア語やスペイン語などのいわゆる「ロマンス諸語」(および，ロマンス諸語すべての祖語であるラテン語)に共通する区別であり，(30d)の形の意味的価値をめぐっては，フランス語学やスペイン語学の内部で多くの議論が行われているのであるが，談話表示理論の立場から(30c)と(30d)との対比について説明した論文である Kamp & Rohrer(1983)は，談話表示理論の有効性を示す説得力のある研究の一例となっている．

2.4 E–タイプ・アプローチ

G. Evans は，有名な Evans(1980)をはじめとする一連の論文において，談話の中での代名詞の意味解釈について，きわめて重要な提案を行なった．彼が提示した方法は，現在では **E–タイプ・アプローチ**と呼ばれ，代名詞に対して，文レベルを越えて談話の中で意味を与える方法のうち最も有力なものの一つであると考えられている．

そこで，本節では，この E–タイプ・アプローチについて見ていくこととする．

Evans は，次のミニ談話(31a)の意味解釈が，量化子 *some* に着目して単に二つの文を *and* でつないだだけの(31b)によっては正しく表され得ないことを指摘し，これに代わって，(31a)の正しい意味解釈は(31c)のようなパラフレーズによって表される，と主張した．(31b)で，j, h は，それぞれ John, Harry を指示対象とする個体定項である．

(31)　a.　John owns some sheep. Harry vaccinates them in the spring.
　　　b.　$\exists x[own(j,x) \land vaccinate\text{-}in\text{-}the\text{-}spring(h,x)]$
　　　c.　John owns some sheep. Harry vaccinates the sheep John owns in the spring.

(31a)の自然な意味解釈は，ハリーはジョンの飼っている羊全部について春に

ワクチン注射をしてやる,というものである.ところが,(31b)は,ジョンの飼っている羊のうち,一頭でもハリーが春にワクチン注射をすれば真となり,これは(31a)の文に対する真理条件としては,まったく不適切である.これに対して,(31c)は,(31a)が持っているこのような意味解釈を,正しく表しているわけである.

これと同じような例として,Evansは次の(32a)(32c)を挙げ,それぞれ,(32b)(32d)のパラフレーズがその意味解釈を正しく表していることを指摘している.

(32) a. Few students came to the party, but they had a good time.
b. Few students came to the party, but the students who came to the party had a good time.
c. Mary danced with many boys, and they found her interesting.
d. Mary danced with many boys, and the boys who danced with Mary found her interesting.

つまり,Evansの提案は,文を越えて現れている代名詞に対して正しい意味解釈を与えるためには,先行する文から情報を取り出してきて構成した確定記述(確定記述については,第4巻の1.6節を参照されたい)で,代名詞を置き換えればよい,というものであった.

今日では,(31)(32)に現れているような代名詞を**E–タイプ代名詞**と呼び,Evansが提唱した,代名詞を確定記述で置き換えた上で意味解釈を行なう方法を**E–タイプ・アプローチ**と呼んでいる.

このように,E–タイプ・アプローチは,代名詞の解釈を確定記述の意味解釈に還元するという方法であるから,確定記述が持っている解釈上の特性をそのまま引き継ぐことになる.はじめにEvansが指摘したとおり,例えば(31c)に現れている確定記述 *the sheep John owns* は,ジョンが飼っているすべての羊を指す.これは,(31c)のミニ談話の文脈とは一切関係なく,そもそも確定記述が一般的に持っている特性である.このことから,確定記述に還元することによって意味解釈を行なうE–タイプ・アプローチにおいては,最終的に得られる意味解釈は,例えば今問題にしている(31a)の場合で見ると,次の(33)のようになる.

(33) $\forall x[own(j,x) \rightarrow \textit{vaccinate-in-the-spring}(h,x)]$

2.4 E-タイプ・アプローチ

このように，E-タイプ・アプローチは，全称量化子に対応するような意味解釈を得るのに適した方法であることが分かる．

Evans 自身も論文の中で展開しているのであるが，この E-タイプ・アプローチを，ロバ文の意味解釈にも適用することができる．前節でロバ文の例として挙げた (34) (= (7b)) の中の *it* を E-タイプ代名詞であると見なすと，(34b) のようにパラフレーズできることになる．

(34) a. Every man who owns a donkey beats it.

b. Every man who owns a donkey beats the donkey he owns.

(34b) は，確かにロバ文の意味解釈を基本的には正しくとらえたパラフレーズになってはいるが，確定記述に還元したことから，ここで一つの問題が生じてくるのである．

それは，B. Russell がうち立てた確定記述の意味論に「唯一性」の主張が含まれていることから来る問題である．(34b) のパラフレーズが意味を持つためには，ロバ所有者ひとりひとりについて，the donkey he owns という確定記述の指示対象として，ただ 1 頭のロバが指定できるような状況になっていなければならない．つまり分かりやすく言えば，どのロバ所有者もロバは 1 頭しか持っていない，という前提が，(34b) のパラフレーズ，したがって元に戻って (34a) の文に存在している，ということにならざるを得ないのである．ややテクニカルになるが，この問題は，「E-タイプ・アプローチにおける唯一性の前提 (uniqueness presupposition) の問題」と呼ばれて，意味論研究者の間で議論の種となってきたのである．

実際に英語の母語話者が (34a) の文を聞いたときに，各ロバ所有者についてロバは 1 頭だけ，という直観があるのかどうかが問題になるわけであるが，そうした直観は実際にはほとんど生じないと言われている (例えば，Chierchia (1995) p. 16 には，この文の場合を取り上げて「直観はそれほどはっきりしていない」と述べられている)．ところが，Heim (1982) は，ロバ文の問題を E-タイプ・アプローチだけで解決することはできないことを示すために，唯一性の前提が成立し得ないことが明らかな次の例文を挙げている．

(35) Every man who bought a sage plant here bought five others with it.

Heim によるこの例文は，現在ではたいへん有名になって，「sage plant 文」という名称までつけられているのであるが，この文がどうして E-タイプ・ア

プローチを否定する根拠になっているのであろうか．それは，実際にこの文の中の *it* をE-タイプ代名詞と見なして，パラフレーズを作ってみれば分かる．

(36) Every man who bought a sage plant here bought five others with the sage plant he bought here.

(35)の文の意味からして，昨日サルビアを買っていった男性は，みんな6鉢買ったのである．したがって，上で見た確定記述に関する唯一性の前提は明らかに成立しない．つまり，*the sage plant he bought here* という確定記述を使用できる前提条件が整っていないのである．それにもかかわらず，(35)はまったく問題ない自然な英語の文である．このことから，Heim(1982)は，ロバ文の意味解釈をE-タイプ・アプローチで説明しつくすことには限界があることを指摘したのであった．

G. Chierchia(1995)は，このE-タイプ・アプローチの一つの発展形として，E-タイプ代名詞を一つの関数で置き換える方法を提案している．たとえば，次の(37a)のような文は，Evans 式の確定記述への書き換えを素朴な形で適用すると，(37b)のようになるが，このパラフレーズは，明らかに元の文の意味を正しく表示していない．

(37) a. Morrill Hall doesn't have a bathroom, or it is in a funny place.
b. Morrill Hall doesn't have a bathroom, or the bathroom that Morrill Hall doesn't have is in a funny place.

そこで Chierchia は，(37a)は，次の(38)に示されるような，関数を用いた意味解釈を受けるとしている．

(38) Morrill Hall doesn't have a bathroom, or f(Morrill Hall) is in a funny place.

（ただし，f は，建物からその建物の中にある化粧室への関数とする）

もちろん，このときどのような関数が設定されるのかが明示的に規定される必要があろうが，Chierchia は，先行する文の情報内容によって適切な関数が作られる，とするにとどめている．直観的には，たとえば(37a)の場合には，先行する文 *Morrill Hall doesn't have a bathroom.* によって，Morrill Hall という建物とその中の化粧室とが関係づけられており，この関係に基づいて関数が設定されるということは，充分に納得のいくものであろう．

この関数によるE-タイプ代名詞の意味解釈の方法を，ロバ文にも適用する

ことができる．

(**39**) a. Every man who owns a donkey beats it.
b. Every man who owns a donkey beats f(man).

(ただし，f は，飼い主から彼が飼っているロバへの関数とする)
(39b)は，ごく普通に論理式表示に変換すると(40)のようになるが，式の中で $f(x)$ が y とは独自に働いて，上に述べたように，「x が飼っているロバ」という解釈を与えるので，古典的モンタギュー意味論で生じていたような問題は生じないわけである．

(**40**) $\exists f \forall x [x: \text{farmer}][\exists y [y: \text{donkey}](x \text{ owns } y) \rightarrow (x \text{ beats } f(x))]$

さらに，この関数に置き換える方法では，関数の値として「x が飼っているロバ全体」を考えることができる(ただし，この際に，複数の個体を意味論としてどのように取り扱うかという，別の問題が生じる．この問題は，本章の関心と直接にはつながりがないので，ここではこれ以上立ち入ることはしない．興味を持たれる読者は，Chierchia(1995), Lappin(1989)を参照されたい)ので，Evans 流の E–タイプ・アプローチに際して問題となったような，「唯一性の前提」の問題を引き起こすことはない．

こうしたことから，現在では，E–タイプ・アプローチとしては，関数を設定するこの方法が中心となっている．

2.5 メンタル・スペース理論

メンタル・スペース理論(mental-space theory)は，G. Fauconnier が立てた独自の理論であり，その基本的な枠組みは Fauconnier(1985)で提示されている．さらに，その後の研究がもたらした最近の成果が，理論的な面でのいっそうの洗練も含めて，Fauconnier(1997)に示されている．

メンタル・スペース理論の基本をなすのは，スペースとコネクターという二つの記述装置である．**スペース**(space)とは，情報内容がその中で成立しているような領域のことである．つまり，スペースによって情報の切り分け(partitioning)を行なっているのである．こうして，複数のスペースを構築することにより，ある情報内容が，一つのスペース内では成り立っているが，別のスペースでは成り立っていない，といった状況を様々に設定することができ

る．こうした状況は，スペースの数が増えるにしたがって，多種多様な情報の切り分け方をそれぞれ区別して表現することを可能にする．メンタル・スペース理論の根本をなすアイデアは，このように複数のスペースを設定し，それらのスペースの間の関係を様々に規定することによって，情報の分布，切り分けをも規定し，そうした情報の分布のありさまが意味解釈に直接反映される，とする点にある．

スペースが単にばらばらに構築されているだけでは，それらの間の関連を捉えることができない．そこで，スペースの間をつなぐ**コネクター**(connector)が導入される．コネクターは，文字通り，二つのスペースを結びつける働きを担っているが，実際の作用としては，スペースそのもの同士を結合するのではなく，スペースの中に設定された要素同士を，スペースを越えてリンクするものである．具体的な例はすぐ後に示すが，このように，複数のスペースとそれらをリンクするコネクターという二つの装置を組み合わせることによって，複雑でこみ入った**スペース構成**(space configuration)を実現でき，これによって，意味論上の様々な難問に明快な説明を与えることが可能になっているのである．

また，メンタル・スペース理論では，名詞句の指示の問題も中心的な問題の一つとなっていて，そこでは，**役割**(role)と**値**(value)という，もう一組の概念装置が重要な働きをするのであるが，談話を扱う本章では，メンタル・スペース理論による名詞句の指示の分析は取り上げない．興味を持たれる読者は，ぜひとも上に挙げた Fauconnier の著作を参照されたい．

メンタル・スペース理論による談話の意味の分析を解説するに先だって，まず上に挙げたこの理論の二つの基本装置であるスペースとコネクターについて，概観しておく必要がある．

次の例文(41a,b)を見られたい．

(41) a. もし君が上手な画家なら，その青い目の女の子は緑の目をしているところだ．
b. もし君が上手な画家なら，その緑の目の女の子は緑の目をしているところだ．

これらの文はいずれも，下手な日曜画家に向かって言われた文だと考えてほしい．つまり，現実には緑の目をしている女の子を，その日曜画家は青い目に描いてしまったわけである．メンタル・スペース理論の分析によれば，こうした

文の解釈は，次のようにして行なわれる．

まず，ベース・スペース B が設定される．**ベース・スペース**(base space)は，客観的な現実世界をそのまま反映するスペースであり，この後に設定されるすべてのスペースに対して，文字どおり「基地」のような役割を果たす．次いで，「画家」という名詞が現れていることから，(41)の文が絵を問題にしていることが分かるが，メンタル・スペース理論ではこのことを，「画家」が**スペース導入表現**(space builder)となって「絵画スペース」P が構築される，と分析する．B の中にも，P の中にも，一人の女の子がいるわけであるが，その女の子は，B の中では緑の目をしており，絵画スペース P の中では青い目をしている．そして，B 内の女の子と P 内の女の子とが，コネクターによってリンクされている．さらに，「もし君が上手な画家なら」という部分がもう一つのスペース導入表現となって，「仮想スペース」H が構築されている．そして，この仮想スペース H の中に，もう一つの「絵画スペース」P′ が設定される．これは，上手な画家だったら描いていたであろう架空の絵を表すスペースである．仮想スペース H にも，H の中の絵画スペース P′ にも女の子がいて，いずれも緑の目をしており，コネクターが両者を結びつけている．また，H 内の女の子はベース・スペース B の女の子の**対応物**(counterpart)であるから，当然，この両者もコネクターによってリンクされている．最後に，二つある絵画スペースの中の女の子同士も，これと同様に，コネクターによってつながっている．以上から，全体として(42)のようなスペース構成が実現している((42)は Fauconnier (1994)に掲載の図をそのまま引用した)．

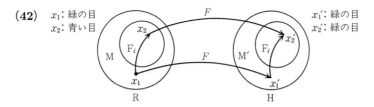

(42)　x_1: 緑の目　　　　　　　　　　　　　　　　　x_1': 緑の目
　　　x_2: 青い目　　　　　　　　　　　　　　　　　x_2': 緑の目

メンタル・スペース理論では，このようにコネクターで結合された要素に関して，次の(43)のような**アクセス原則**(access principle)が立てられている．このアクセス原則は，メンタル・スペース理論の基本をなす重要な原則である．

(43) **アクセス原則**

二つの要素 a と b とが，コネクター F によってリンクされている ($F(a)=b$ という関係が成り立っている)ならば，a の名前や記述，また a を指す(指示する)ことによって，a の対応物である b を同定することができる．

このアクセス原則は，もともと G. Nunberg が提唱した「語用論的関数」というアイデアをいっそう発展させたものであり，複雑なスペース構成が作られた場合に，スペースを越えた指示がどのようにして可能になっているのかを説明する，基本的な原則である．

(41a)の「その青い目の女の子」は，日曜画家の絵の中の女の子，つまり(42)の x_2 を指しているが，このアクセス原則により，コネクター F を通じて実際には x'_2 を同定している．また，(41b)の「その緑の目の女の子」は，実際の女の子，つまり(42)の x_1 を指しているが，同様にアクセス原則により，二つのコネクター F と F_i とを介して，実際には x'_2 を同定している．後者の場合は，ちょうど数学における写像の合成と同じことで，$x'_2 = F_i(x'_1) = F_i(F(x_1))$ という関係が成り立っており，アクセス原則が再帰的に2度適用されているわけである．

以上のような道具立てをもとに，メンタル・スペース理論による談話の意味解釈の分析がどのようになされるかを見てみよう．

Fauconnier(1997)に挙げられている次の談話を例に取る(原文は英語であるが，ここでは日本語で考える)．

(44) アキレスは亀を見る．彼はそれを追いかける．彼は，亀の足取りが遅く自分がそれをつかまえられるだろうと思っている．しかしそれは速い．もしも亀の足取りが遅かったら，彼がつかまえていたところだ．亀は本当はウサギなのかもしれない．

メンタル・スペース理論は，談話に対してスペース構成を構築することによって，その意味解釈を表示する．そこで，(44)の談話に対して，メンタル・スペース理論がどのようなスペース構成を与えるかを，第1文の処理から順に見ていこう．最後に完成するスペース構成を(45)に掲げておくので，これを参照しながら，以下のスペース構成の構築過程を追っていただきたい((45)は Fauconnier(1997)に掲載の図をそのまま引用した)．

(45)

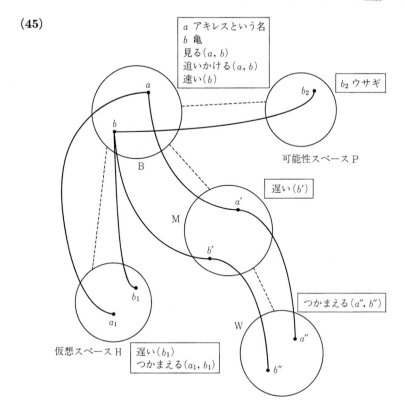

　まず，第1文によりベース・スペースBが設定される．B内に二つの要素 a, b が導入され，a には「アキレスという名（である）」，b には「亀（である）」という情報がそれぞれ付き，両者の関係の情報として，「a は b を見る」という内容が導入される．次に第2文であるが，この文は新たなスペースを設定することはしていない．すでに設定されているスペースB内に，新たな情報として，「a は b を追いかける」を，付加する働きをしている．次に第3文は，アキレスの「信念スペース」Mを設定する．これは，第3文の主動詞である「と思っている」が，スペース導入表現となるためである．M内にも二つの要素 a' と b' とが導入され，それぞれ，B内の a, b と，コネクターによってリンクされる．さらに，b' に関して「遅い」という情報が付与される．続いて，この文の「つかまえられるだろう」という部分は，Mの中での未来の予想を示しているので，Mに依存したスペースとして「未来スペース」Wが設定される．W内

にも二つの要素 a'' と b'' とが導入され，それぞれ，M 内の a', b' と，コネクターによってリンクされる．さらに，「a'' は b'' をつかまえる」という情報がスペース W 内に導入される．

次の第 4 文は，ベース・スペース B に「b は速い」という情報を付加している．このときに重要な点は，「それ」という代名詞が，直前の第 3 文にも（その前の第 2 文にも）現れているが，b, b', b'' の 3 要素がコネクターでリンクされているため，上で見たアクセス原則により，この 3 要素のうちのどれでも自由に同定できる，という点である．第 5 文は，前の説明にも出てきた「仮想スペース」H を設定していることが分かるだろう．H 内にも，これまでとまったく同様に，二つの要素 a_1 と b_1 とが導入され，それぞれ，B 内の a, b とコネクターによってリンクされる．さらに，「b_1 は遅い」，「a_1 は b_1 をつかまえる」という情報が，H 内に導入される．最後の文は，「かもしれない」がスペース導入表現であり，「可能性スペース」P を新たに設定する．P 内には要素 b_2 が導入され，B 内の b とコネクターによってリンクされる．さらに，「b_2 はウサギである」という情報が P 内に導入される．以上のプロセスを経て，最終的に (44) の談話全体に対するスペース構成 (45) が得られることとなる．

以上の説明から読者の方々もすでに気づかれたことと思うが，メンタル・スペース理論におけるスペースは，2.3 節で見た談話表示理論における DRS とよく似た働きをしていることが分かる．例えば，上の談話 (44) に対するスペース構成の構築過程において導入された各要素（a, b, b', b'' など）と，それらに対して付与されている情報とは，それぞれ，談話表示理論における談話指示子およびそれに対する条件式と，基本的に同じような働きをしているものと見ることができる．さらに，第 1 文によって設定されたベース・スペースに対して，第 2 文が情報を付加しているプロセスなどは，談話表示理論の場合にもまったく同様の処理が行なわれることとなるわけであり，こうした点にも，メンタル・スペース理論と談話表示理論との間の親近性が見られる．

上の談話に対する説明にも示されているとおり，メンタル・スペース理論は，テンス・アスペクト形式や様々なモダリティ（可能性，必然性，推測など）に対しても，それぞれに対応した新たなスペースを設定して説明する，という方法を採っている．上で見た具体例では，「未来スペース」「可能性スペース」「仮想スペース」がこれに当たる．この点では，談話表示理論が，2.3 節 (b) で見

たように，イベント意味論を DRS 内部に組み込む形で，いわば DRS 内でテンス・アスペクト形式の意味解釈を行なう方法を採っているのとは対照的であり，二つの理論の違いが際だってくる点である．

メンタル・スペース理論によるテンス・アスペクト形式の研究も近年進展しており，ことに Cutrer (1994) は，メンタル・スペース理論によるテンス・アスペクト形式の意味論の研究成果を示すものとして，注目に値する重要な業績である．また，Fauconnier が E. Sweetser とともに編集した論文集である Fauconnier & Sweetser (eds.) (1996) には，Sweetser によるメンタル・スペース理論に基づく条件文の分析をはじめ，メンタル・スペース理論を用いた最近の研究のいくつかが収録されている．

メンタル・スペース理論は，Fauconnier が G. Lakoff, R. Langacker, E. Sweetser ら，アメリカ西海岸における認知言語学の旗手たちとの緊密な連携のもとに研究を進めてきていることもあり，一般に，認知言語学の一部をなすものと受け取られている．実際，Fauconnier 自身が，Fauconnier (1985) の新版出版に際して新たに書き加えた序文の中でも，あらためて R. Montague 以来の形式意味論のアプローチの限界を強調しており，形式意味論に対立する立場から構成された理論である，と受け取られることは，ある意味で当然と言える．また，現在第一線で活躍している形式意味論の研究者たちの著書や論文に，まったく同じ問題を，しかも形式化の方法こそ違えほとんど同じ切り口から取り扱っているにもかかわらず，メンタル・スペース理論に関する言及は見られないのが現状である．

しかしながら，本節で解説してきたところからも分かっていただけるように，理論の内容を冷静に見れば，メンタル・スペース理論は談話表示理論をはじめとする現在の形式意味論の諸理論ときわめて近い関係にあることは明らかである．

また，Fauconnier (1985) の加筆された序文に見られる形式意味論批判にしても，真理条件だけでは文の意味を規定することはできないという点をはじめとして，形式意味論の研究者たち自身によってすでに充分に自覚され，改良策が提示されているものも多い．

こうした点を考えると，メンタル・スペース理論をことさらに形式意味論に対立させて捉えるのではなく，むしろ形式意味論との相互交流の中でこの理論

をよりいっそう明示的な理論に発展させていくことを目指す方が，メンタル・スペース理論と形式意味論の双方にとって，はるかに生産的な行き方であると言えよう．

2.6 談話管理理論

談話における固有名詞の使用に見られる日本語と(たとえば)英語とのきわだった違いや，日本語の指示詞における「コ・ソ・ア」の系列の意味に関する問題，さらには文末に現れる談話マーカー(終助詞)の意味の問題など，談話に現れる多岐にわたる問題について，メンタル・スペース理論をベースとしながらもまったく独自の理論を構築しているのが，田窪行則，金水敏が近年展開しつつある**談話管理理論**(discourse management theory)である．この節では，田窪・金水(1996a, 1996b)に拠りながら，談話管理理論について解説する．

これまで，日本語の指示詞における「コ・ソ・ア」各系列の使い分けの体系的な説明や，文末マーカー(終助詞)の意味の説明を考えていくときに，「話し手の知識と聞き手の知識との一致，あるいは不一致，ずれ」ということをもとにして説明しようとする立場が広く見られた．

たとえば，ア-系列とソ-系列の意味の区別に関する，久野暲による次の(46)の一般化は，よく知られているものである(久野1973)．

(46) a. ア-系列

その代名詞の実世界における指示対象を，話し手，聞き手ともによく知っている場合にのみ用いられる．

b. ソ-系列

話し手自身は指示対象をよく知っているが，聞き手が指示対象をよく知っていないだろうと想定した場合，あるいは，話し手自身が指示対象をよく知らない場合に用いられる．

また，日本語の文末マーカーのうち代表的なものである，「ね」と「よ」との意味の区別に関しても，益岡隆志による次の説明は，今なお多くの研究者が基本的に受け入れているもののように思われる(益岡1991)．

(47) 話し手の知識と聞き手の知識が基本的に一致すると判断される場合には「ね」が用いられ，両者の間にずれがあり，その意味で両者が対立

的な関係にあると判断される場合には「よ」が用いられるわけである．

上の(46)(47)とも，一見非常に説得力があるように感じられるが，実は，理論的な面でも，また実際に日本語の現象を説明するという面でも，ともに大きな問題を含んでいるのである．

理論的な面での最大の問題は，上の益岡(1991)で言われている「話し手の知識と聞き手の知識が基本的に一致すると判断される場合」や，「両者が対立的な関係にあると判断される場合」について，いったいどうやって，話し手がそのような「判断」を下すことができるのか，という問題である．この問題は，言語学だけではなく，計算機科学や哲学，さらには経済学などでも取り上げられる，有名な「共有知識のパラドックス」の問題にほかならない．

今，たとえば「奈緒美さんの職業は弁護士だ」という知識を話し手Aが持っているとして，この知識(以後，この知識の内容をPと略記しよう)が聞き手Bと自分との間で共有されているかどうかを，Aが確認しようとしているものと考えてみよう．

このとき，当然まず事実として「BはPを知っている」ということが成り立たなければならない．また，そのこと，つまり「BはPを知っている」ということをAが知っていなければ，共有知識とは言えないので，「A(つまり，自分自身)はBがPを知っていることを知っている」ということが成立する必要がある．それでは，これでPがAとBの間で共有されていると言えるかといえば，決してそんなことはない．すなわち，この段階ではBはまだ，「自分がPを知っている」ということを相手方のAが知っているのかどうか分からないからである．そこで，「Bは，Aが「BがPを知っている」ことを知っていることを知っている」ということが成立する必要がある．それでは，この段階でPがAとBの間で共有されていると言えるかといえば，決してそんなことはない．すなわち，この段階ではAはまだ，「自分がBがPを知っていることを知っている」ということを相手方のBが知っているのかどうか分からないからである．そこで…，というように，どこまで進んでいっても，この過程に最終的な決着をつけることはできないことが分かるだろう．このことを一般に，「共有知識の基礎づけは，無限遡行におちいってしまうので，結局は不可能である」と言い表している．

このような理論上の難問があるため,「話し手と聞き手の知識が一致する」というようなことは,世界のあらゆる情報をその世界から超越して読みとれるような全知全能の存在でも仮定しない限りは,実際には決して断定できないわけである．したがって,そのような実際には決定できない原則に基づいている上の説明は,理論的に見て大きな問題点を抱えていると言わざるを得ない．

次に,上の(46)や(47)が,実際の日本語の現象を正しく説明しきれていない,という点に関しては,次の(48)の例文を見られたい．(48a)は,黒田成幸によって,久野による(46)に対する反例として提出されたものである．

(48)　a.　昨日神田で火事があったよ．?あの/*その 火事のことだから,人が何人も死んだと思うよ．

　　　b.　あなたも試験結果を早く知りたいですよね．　　（田窪・金水 1996b）

(48a)では,話し手が,聞き手が昨日の火事のことを知っているとは想定していないことは明らかであろう．すると,上の久野による(46)の説明からは,この場合,ア-系列を用いることはできず,ソ-系列の方が用いられる,という予測が出てくるのであるが,日本語の事実はこの予測とは正反対であって,この談話の場合,「ソ」はまったく不適切であり,「ア」の方がはるかに容認度が高くなっている．

次に,(48b)に見られるように,日本語では,文末に「よね」という形が現れることはごく普通のことである．ところが,上の益岡による(47)の説明によれば,「ね」と「よ」とはまったく正反対の性質を持っていることとなり,そのように正反対のものが,どうしてごく自然に結びついて「よね」というつながりを生じるのか,理解に苦しむところである．

以上の考察は,すべて,談話理解・産出モデルの中に,「(話し手が想定する)聞き手の知識」という概念を導入することには多くの困難が伴うことを,明確に示しているものである．

こうした考察にもとづいて,田窪・金水の談話管理理論では,「(話し手が想定する)聞き手の知識」という,これまでの談話モデルでしばしば,当然のことのように用いられてきた説明装置を,完全に廃棄することを提案している．これに代えて,田窪・金水は,話し手の**談話領域**(discourse domain)を,次の(49)のように二つの領域に分割して,それぞれの領域の特性を明確に区別することによって,談話マーカーの機能など,上で見てきた様々な現象に,統一的

で明快な説明を与えることに成功している．

(49) a. **D-領域**
長期記憶内の，すでに検証され，同化された直接経験情報，過去のエピソード情報と対話の現場の情報とリンクされた要素が格納される．

b. **I-領域**
まだ検証されていない情報(推論，伝聞などで間接的に得られた情報，仮定などで仮想的に設定される情報)とリンクされる．

つまり，D-領域内の情報は，話し手が，談話セッションが始まる前から「知っていた」情報である．また，談話に新しく導入される要素は，D-領域の定義からして，いきなりD-領域に書き込まれることはできず(このことは，言い換えれば，談話によってのみ得られた知識は，少なくともその談話セッションが続いている間は，「直接経験」とは呼べない，ということにほかならない)，必ずI-領域に導入されるわけである．

そして，日本語においては，D-領域とI-領域とに対して，次の(50)に示す重要な特徴が存在するものと考える．

(50) a. D-領域内にある要素に対しては，直示的な指示ができる．

b. I-領域内にある要素に対しては，直示的な指示はできず，記述などにより，間接的な指示が行われる．

さらに，日本語には，二つの領域の間の関係について，次の(51)の基本的制約が存在するものとする．

(51) **情報移転制約**
I-領域内の要素は，その要素が設定をされた談話セッション中はD-領域に移すことはできない．

以上のような説明装置を整えた上で，談話管理理論は，上に見た日本語のア-系列とソ-系列の指示詞の意味について，次の(52)に見る非常に簡潔な定式化を行なっている．

(52) a. ア-系列は，話し手がD-領域内の要素を指示している，というマーカーである．

b. ソ-系列は，話し手がI-領域内の要素を指示している，というマーカーである．

上に挙げた，従来の「（話し手が想定する）聞き手の知識」という概念を用いた分析に対する反例であった(48)を，談話管理理論がどのように説明することができるかを見てみよう．

まず，(48a)については，昨日の火事を，話し手は直接経験したわけであるから，この場合，「昨日の火事」が話し手のD–領域内に存在している．したがって，上の(52a)が適用され，ア–系列の指示詞が用いられている．ア–系列の指示詞を，話し手がD–領域を検索しているマーカーであると考えると，これまで国語学や日本語学で，「独り言」や「回想」の効果を生じると言われてきた，次の(53)のような例にも，きわめて自然な説明が与えられることがわかる．

(53) 僕は80年頃まで大阪市に住んでいたんですが，あの頃はまだ，市内の中心部にも昔の大阪の風情が残っていましてねえ．

ここで話し手が言及しているのは，自分自身が昔住んでいたところのことであり，それは当然，D–領域内の要素である．このことから，「あの頃」という表現が自然に用いられるわけである．談話管理理論によるこの自然な説明に対して，従来の「聞き手との共有知識」説では，このような場合のア–系列の指示詞の説明に窮することは，言うまでもないであろう．

なお，上の(53)の文で，「あの頃」の代わりに「その頃」と言うことも可能である．談話管理理論によれば，ソ–系列の指示詞が用いられている場合には，直前の文で談話に導入したばかりのI–領域内の要素を指している，と自然に説明できる．

次に，文末の談話マーカー（終助詞）の「ね」と「よ」に関しては，談話管理理論は，それぞれ次のような機能を果たしているものと考えている．

(54) a. 「ね」は，文の内容（命題内容）の妥当性を計算中である，というマーカーである．
 b. 「よ」は，文の内容をI–領域に書き込み，かつ，その内容に関与する知識を付け加え，聞き手に対してそこから適切な推論を行なえ，というマーカーである．

(54a)の「ね」の規定を用いれば，次の(55)に見られるような対比も，自然に説明できる．

(55) a. A: 3564引く1257は？
 B: 2307ですね．

b. A:　奥さんのお名前は？
　　　　　B:　?花子ですね．

(55a)では，4桁の暗算をまさに頭の中で「計算」したことを「ね」が示していて自然な答えになっているが，これに対して(55b)が非常に不自然であるのは，(54a)の規定により，「ね」が，自分の妻の名前を記憶領域から探索してくるのに計算ステップを要した，という情報を伝えており，このことが不自然であるからである，と説明できる．

　また，次の(56)のような，「よ」を含んだ日常よく聞かれる発話は，(54b)の規定に照らせば，話し手から聞き手に対して，「この情報から適切な推論を行なえ」という指令を出しているものと理解できる．

　(56)　雨が降ってるよ．

　さらに，「よね」というつながりがごく普通に見られるという点は，まず「よ」が，話し手のD-領域にはなかった不確実な情報をI-領域に導入し，次に，「ね」によって，そのI-領域に新たに導入された情報からの推論を検証するための計算操作を遂行している，ということを表示しているものと考えれば，ごく自然な一連のつながりであると納得できる．

　このことを，具体例で確認しておこう．(57)の文を見られたい．

　(57)　A: あなたのおうちは，たしか船場の旧家ですよね．

(57)では，話し手にとって，「聞き手の実家は船場の旧家である」という情報は，談話の前からD-領域にあるような確実な情報ではなく，そこで，「よ」によってこの命題内容をI-領域に導入し，さらにその命題から，関連する様々な情報を引き出すべく推論を行ない，それを検証するための計算操作を遂行していますよ，ということを，「ね」によって聞き手に伝えているのである．つまり，「ね」は，話し手の「心的操作」を，いわば，外面化して聞き手に見せる，という機能を持っているのである．そこで，(57)の発話を聞いた聞き手Bが「協力的な」聞き手であるならば，Aのそのような発話意図を察知して，たとえば(58)のような発話で，談話を続けていくことであろう．

　(58)　B: ええ．でも，戦後のどさくさにまぎれて土地を全部他人に取られてしまったんですよ．

Aは，I-領域に導入した命題内容から，「だから，船場のことならBに聞けば分かるはずだ」といった推論を行なっているものと想定されるので，Bは自分

の方の状況と照らし合わせて，(58)によって，そうしたAの推論は当たらない，ということをAに伝えているわけである．

上の(57)(58)と続く談話に対する，このような談話管理理論による説明を見ると，従来の国語学や日本語学の分野でよく見受けられる説明に比べて，この理論の革新的な点がはっきりと浮かび上がってくる．

つまり，談話管理理論では，「聞き手の知識状態」について，話し手は一切考慮していない，という強い主張がなされているのであって，上の例でBが(58)のように応じて談話が自然に進行していくのも，決してAがBの知識状態を適切に考慮していたためではなく，Aは**自分自身の知識の状態**（確実に知っていることと，伝聞などで聞いただけの不確実な情報との区別など）**のみにもとづいて**文末マーカー（終助詞）を使い，その意味機能をBが適切に解釈した結果として，談話が自然に進行したのである，と説明できる．

談話管理理論の登場までは，深く省みられることなく当然のように用いられてきた「(話し手の想定する)聞き手の知識状態」という概念は，談話において，話し手は，(自分の想定する)聞き手の知識状態を常にモニターして，それを保持しておかなければならない，ということを意味している．これは，上に述べたとおり，「共通知識のパラドクス」を引き起こすこととなり，また，仮に，「実際の人間の談話においては，無限に遡行することはなく，3段程度の埋め込みで足りる」といった主張を展開するとしても，そこではやはり，膨大な心的計算操作の負荷が要求されることにならざるを得ない．

これに対して，談話管理理論の説明によるならば，話し手は自分自身の知識状態のみに基づいて談話を進めていけばよいのであるから，このような複雑な埋め込みに伴う心的計算操作は一切不要となる．

以上見てきたことから，談話管理理論は，単に談話のモデルとして非常に見通しのよい理論を提供しているというだけではなく，日常の談話に際して我々が行なっている実際の心的処理そのもののモデルとしても，高い妥当性を持っていることが分かる．

第 2 章のまとめ

2.1　談話の中における文の意味機能は，「(聞き手の)知識状態の更新」として捉えることができる．話し手の側から見た場合には，聞き手に知識状態の適切な更新を行なわせるためのシグナル，指示と捉えることができる．本章が扱っている理論では，明示的にそう主張しているか否かは別としても，すべてこの考え方が基礎にあると見てよい．

2.2　談話表示理論は，談話表示構造(DRS)という入れ子を許す箱形の構造を設定することにより，古典的なモンタギュー意味論では説明することができなかったロバ文の意味解釈の問題に一つの解決を与えた．さらに，イベント意味論を内部に取り入れることにより，談話の中でテンス・アスペクト形式が果たしている意味論的役割の分析などに対しても，最も有力なアプローチの一つとなっている．

2.3　E-タイプ・アプローチは，G. Evans のアイデアに端を発する方法で，談話の中の代名詞のうちには確定記述で置き換えることによって正しい意味解釈が得られるものがあることを主張している．このとき，単数の代名詞の場合には，確定記述にかかわる「唯一性の前提」が問題となるが，G. Chierchia は，Evans の分析をいっそう発展させて，適切な関数を設定することによりこの問題を回避する新しい分析を示している．

2.4　メンタル・スペース理論は，G. Fauconnier が提唱している理論で，複数のスペースを設定して，その中の要素同士を，コネクターがスペースを越えて結合する，というモデルを立てている．このモデルは，自然言語における情報の「切り分け」のメカニズムを自然な形で説明したものであり，自然言語の意味論にこれまでなかったような斬新な方法論を提供している．さらに，メンタル・スペース理論は，談話を対象とする理論としても豊かな可能性を持っている．

2.5　談話管理理論は，問題の多い「話し手の考える聞き手の知識」という概念を放棄し，話し手が自分自身の知識のみに基づいて談話を進行させている，という主張を立てている．このとき，話し手は，自分の直接体験などに基づく直接的な知識と，人づてに聞いた話などの間接的な知識とを区別しており，前者はD-領域，後者はI-領域にそれぞれ格納されている．談話の進行中は，I-領域内の要素をD-領域に移すことはできない，という「情報移転制約」を設定することにより，日本語における「コ・ソ・ア」の使い分けや，文末の談話マーカー(終助詞)の働きについて，明快な説明を与えることができる．

3
談話分析：整合性と結束性

【本章の課題】

　本章が紹介する**談話分析**(discourse analysis)の分野では，孤立した一文ではなく，複数の発話文がつながってできた**談話**(discourse)を言語分析の基本単位とする．談話一般の形式的・機能的意義を発見し，そこに共通する基本的な**談話法**を理論化するのが談話分析の目的である．これは文法理論が**文**(sentence)という言語単位を仮定し，その統語構造と意味解釈を定める**文法**(grammar)を理論化するのと似ている．しかし両者の理論化の法則には根本的な違いがある．文法(ここでは生成文法を指す)が文法的な文と非文をはっきり分別する違反不可能規則からなるのに対し，談話法は，談話の「自然さ」「わかりやすさ」を統御する違反可能な優先規則からなる．文法と談話法は，両者を統合することによってはじめて，我々が日常使っている「生きた言語」の科学となる．典型的な統合例は，文法が残す多義性を談話法が文脈などを使って解消するというようなものである．

　ここでいう談話とは，会話，対話，会議，面接，会見など，話し言葉によるものと，新聞記事，教科書，小説，電子メール，日記，論文など，書かれたものの総称である．話し言葉と書き言葉には系統的な違いがあるのはよく知られている(例えば Brown & Yule 1983)が，本章では，違いではなく，両者の共通性に焦点を置く．また本章では，談話分析を主に計算言語学と人工知能の視点から紹介する．

3.1 談話分析の基本概念

　談話は，それぞれ特定の状況の中で，特定の話し手と聞き手が，特定の目的を持って展開される．談話は静的にとらえるよりも動的にとらえる方が根本的な性質をつかみやすい．談話を動的にとらえるということは，談話の進行を，単なる物理的時間の進行としてでなく，<u>繰り返し更新される談話情報</u>の進行として見ることである．この情報面での動きを，どのような言語単位をもとにどのように理論化するかが，談話分析の基本問題である．「談話情報」については後でさらに説明する．本節では，この後，ひとつの手紙例を分析しながら，談話分析の諸々の基本的概念にざっと触れていくことにする．

【談話例 1（手紙）】
[コンテクスト：差出人＝吉川かおる，宛先＝山本ひかる]
1998 年 11 月 6 日
お元気ですか．出張でサンフランシスコに来ています．
会合の合間をぬってヤム茶，美術館，ジャズクラブなど楽しんでいます．
太平洋岸だからでしょうが，東洋と西洋が自然に同居していると感じます．
ではまた．
　　　　　　ひかるさんへ　　　　　　　　　　　かおる

(a)　文のコンテクスト依存性

　談話例 1 の手紙文は，特定の書き手から特定の読み手に宛てたもので，特定の場所で特定の日に書かれている．書き手の目的もたぶん「ひかるさんにあいさつする」というような特定のものだろう．このような談話を囲む特定の状況は，談話を構成する文の背後に潜み，コンテクストの一部となる．

　ここで**コンテクスト**(context) と呼ぶのは，「文のような，ある言語単位の意味解釈に必要な，その言語単位の外側から来る情報」で，**言語的文脈**(co-text) と**非言語的状況**(situation) とを包括するいささか茫漠としたものである．重要な点は，談話を構成する文が，このコンテクストに潜む情報と新たに伝えようとする情報との微妙なバランスを実現しようとすることである (Kameyama

1992).つまり文の表層表現は,そのときのコンテクスト情報と重ね合わせてはじめて,その完全な意味がわかる.その結果,談話を構成する文は,その談話コンテクストから抜きだしてしまうと意味がわからなくなる.

例えばこの手紙文にある「お元気ですか」という文は,省略された主語が聞き手を指すことは推察できるが,それが誰なのかはコンテクストからしかわからない.その後の3文(「来ています」「楽しんでいます」「感じます」)の書き手を指す主語も同様である.

(b) 単純列としての談話

次に談話の進行だが,書く側も読む側も,手紙を初めから終りの順に**処理**(生成と理解の総称)するのが普通である.そして,文などの区切りのよい言語単位を順に処理していくのが自然である.談話例1Aは,この手紙をこのような単純な**列**(sequence)として表記している.

【談話例1A(手紙:単純列表記)】
0. [コンテクスト:差出人=吉川かおる,宛先=山本ひかる]
1. 1998年11月6日
2. お元気ですか.
3. 出張でサンフランシスコに来ています.
4. 会合の合間をぬってヤム茶,美術館,ジャズクラブなど楽しんでいます.
5. 太平洋岸だからでしょうが,東洋と西洋が自然に同居していると感じます.
6. ではまた.
7. ひかるさんへ
8. かおる

談話例1Aにあるような列の順番は交換可能だろうか.結局,自然な談話を構成する文の順番はおおかた決まっているようである.例えば,3-4-5の順を5-4-3に変えると,5-4の意味がよくわからなくなる.また,6の文を2の直後に挿入すると妙な手紙になってしまう.これはどうしてだろうか.

（c） 整合性と結束性

ここで談話分析でよく使われる整合性と結束性という二つの概念を紹介しよう．**整合性**(coherence)は談話全体の「自然さ」あるいは「すわりのよさ」というような広い意味で使われる．整合性を決めるのは言語的要素に限らない．常識，推論，連想など，非言語的要素も含めて，整合性は談話の**意味的つながり**の善し悪しを指す．

それに対して**結束性**(cohesion)は，様々な言語手段を使っての談話の**言語的つながり**を指す(Halliday & Hasan 1976)．使われる言語手段には例えば指示表現，代用表現，接続表現などがある．

整合性と結束性はきれいに区別できるものではない．言語的つながりは意味的つながりに通じるので，結束性は談話全体の整合性に影響せざるを得ない．(coherence は「首尾一貫性」または「一貫性」とも訳されるが，本章では「整合性」とする．)

（d） 談 話 情 報

談話はある情報を伝える．この情報はどのように伝えられ，どこに存在するのだろうか．話者が手に1冊の本を持っていても，その本は，「この本」とか「これ」などの**指示表現**(referring expression)で指示されるまでは談話情報にならない．そしてもっと厳密に言うと，その指示表現が聞き手に理解されなければ談話情報にならない．また，話者がいかにもうれしそうな顔をしていても，それが発話の意味理解に何らかの関連がない限り，談話情報にならない．つまり，談話情報とは，<u>話し手と聞き手に共有されて初めて存在する</u>ものである．

指示対象になる本が物理的に存在していても，その本を表示する情報は，目に見えないところにしか存在しない．その目に見えない場所は，話し手と聞き手からなる**談話参加者**(discourse participant)のグループが共有する認知的な世界で，その性質をはっきりと捉えることはたいへんに難しい．ここでは談話情報をまず以下のように前提する．

　談話情報は，談話参加者のグループが認知的世界で共有するものである．ひとりひとりの談話参加者は表層的談話を処理し，他の談話参加者と共有すべき談話情報を得る．この処理過程には文法・語彙知識のほかに一般的な**談話法**

知識が使われると仮定しよう．この談話法を明確にするのが談話分析の目的である．我々が構築する談話法は，日本語や英語などの特定言語に関するものよりも，人間のコミュニケーション一般に共通するものが望ましい．そこにはコンテクスト推論，語用法，常識推論なども含まれそうである．

このように認知科学的に見ると，談話は談話情報を生み出す通信手段であり，あえて純粋な言語現象に限る必要はない．通信が目的である限り，物体を指す動作や大げさな笑い顔なども談話の情報単位の例となる．しかし，中心的な通信内容のほとんどは言語からなるし，非言語的な手段も言語の代用であることが多いので，本章では，言語からなる談話を中心にして談話分析を紹介する．

(e) 談話の言語単位

談話情報の動きを捉えるのに必要な言語単位は何だろうか．まず最小単位を，ここでは**発話文**(utterance)と呼ぼう．ここでいう発話文は，統語論でいう**文**(sentence)と部分的にしか一致しない．発話文は文の断片にすぎないこともあるし，ひとつの文が複数の発話文からなることもある．談話における発話文の一般定義はまだ確立していないが，ここでは発話文が談話情報に変化をもたらす機能に注目して，以下のように定義する．

> 発話文とは，その時点で共有されている談話情報を更新する最小言語単位である．

談話例 1A の場合，発話文は 0 のコンテクストを抜かした 1〜8 となる．

発話文という最小単位のほかに，談話情報を捉える中間的言語単位として**談話節**(discourse segment)という概念が提案されている．これは談話を**木構造**(tree structure)で捉える分析方法から自然に発生する概念である．談話例 1B では手紙例の発話文の列を木構造に分析してみた．

【談話例 1B（手紙：発話文の木構造）】
1. 発信時： 1998 年 11 月 6 日
2. 導入： お元気ですか．
3. 内容： a. 出張でサンフランシスコに来ています．
4. 　　　 b. 会合の合間をぬってヤム茶，美術館，ジャズクラブなど楽しんでいます．

> 5.　　　c. 太平洋岸だからでしょうが，東洋と西洋が自然に同居して
>   いると感じます．
> 6. 締めくくり: ではまた．
> 7. 受信人: ひかるさんへ
> 8. 発信人: かおる

　談話例 1B に示すように，この発話文列は 2 段階の木構造に分析できる．つまり 3～5 の 3 文がひとつの談話節を構成することになる．他の発話文はそれぞれ 1 文が 1 節をなす．3～5 のような談話節の内部は，局所的な文から文へのつながりが特に強い．ここでは 3a で言及されたサンフランシスコが 3b と 3c で暗黙に指示されている．

　談話が一般に木構造を持つことは多くの研究者が合意する．意見が異なる点は，どのような概念がその木構造をつかさどるかである．現在提案されている概念には，意図・目的構造 (intentional structure)，整合関係 (coherence relation)，修辞関係 (rhetorical relation) などがある．

　以上，本節では談話分析に使われる諸々の基本概念をひとつの手紙例を使ってざっと紹介した．次に談話の整合性に貢献する諸要素についてさらに詳しく考えてみよう．

3.2　整合性

　前節では談話の整合性という概念を「自然さ」あるいは「意味的つながり」として紹介した．この茫漠とした概念を計算的に捉えるヒントに，「聞き手に課する推論の量」(Joshi & Weinstein 1998) という提案がある．つまり，この見方をすると，ある談話を理解するとき，その談話の 整合性が強ければ強いほど，話者の意図した意味に決着するまでに要する推論量が少ない．

　ここに談話で使われる表層言語の重要な役割がある．言語の持つ意味と用法は，**常識推論** (commonsense inference) などに比べ，必要とする計算量が大幅に少ない．そこで，言語をうまく使うことによって，推論を手頃な量に**統制** (control) し，談話全体の整合性を高めることができる．

　前節で述べたように，結束性の概念は，談話の整合性に影響を与える「言

語的つながり」のことである．結束性は，言語の持つ意味と談話法によって決まるもので，これが他の非言語的な貢献要素，つまりコンテクスト，常識，推論，連想などとうまく組み合わさるかどうかで，全体の整合性が決まる．つまり，結束性は整合性への貢献要素のひとつと見なすことができる．上記で触れた「推論の統制」という役割を考えると，結束性は最も重要な，そして言語研究者にとって最も扱いやすい貢献要素となる．

例えば(1)と(2)の談話例を比べてみよう．

(1) a. 田中の飛行機は成田に着いた．山口が迎えに来ていた．
b. 和子はテニスが大好き．でも佳子はスポーツが大嫌い．
c. シャンペングラスが金庫にぶつかった．そして粉々に割れた．

(2) a. 田中の飛行機は成田に着いた．山口が送りに来ていた．
b. 和子はテニスが大好き．でも佳子はニンジンが大嫌い．
c. 金庫がシャンペングラスにぶつかった．そして粉々に割れた．

(1)の例は，どれも自然な談話になっている．それぞれ2文で伝えている情報に落ち着きがあり，無理に隠れた前提などを持ち出す必要もない．しかし，表面的に非常に似ている(2)の例は，どこかがおかしい．(2a)では，到着した田中を「送る」のはおかしいので，山口が送りに来たのは誰か他の人か，あるいは，田中の旅程が成田空港からまだ続くのだろうかと想像してしまう．(2b)では，テニスとニンジンがあまりにも無関係なので，「でも」で表わされている対照点が見付からない．(2c)では，文字通りの解釈によると，粉々に割れたのが金庫だということになりそうだが，それはどうしても常識からはずれる．つまり，(1)のような例がどうして自然で，(2)のような例がどうしておかしいのかを説明するのが，整合性と結束性の概念である．

(1)の例が自然で「整合している」ということは，第2文が伝える情報と第1文が伝える情報との何らかの関係が認識でき，さらに両文の言語的つながりから来る意味と調和するということである．談話参加者は，発話文の列を次から次へと，最大限に整合する談話情報に統合していく．その過程で用いられる談話法は，大きく二つに区別される．ひとつは，後に来る発話文が，先行する談話のコンテクストに依存してふせている内容を明らかにしようとする<u>発話文の意味内容の決定</u>である．これには，指示表現の解消など，あらゆる言語的つながりを定める結束法が用いられる．もうひとつは，複数の発話文が伝

える別々の情報を関係付けようとする 発話文同士の関係的意味の決定 である．この二つの談話処理過程は，ある程度独立しているが，結果的には，両者が調和してはじめて，談話は整合する．両者がちぐはぐだと，整合性に欠け，よけいな推論を招くことになる．

以下，3.3節では結束表現と結束法について，3.4節では関係的意味について，さらに詳しく紹介する．

3.3 結束性

結束性(cohesion)は，談話の整合性に大きく影響する**言語的つながり**である．談話処理は常識推論を伴う．常識の知識ベースは，膨大で，限りない計算量を要する可能性がある．推論に要する計算量が増えると，談話の整合性が減少する．結束性を示す言語表現の持つ意味と用法が推論を統制すると，談話処理に必要な推論の量は減る．そこで結束性を示す言語表現は，談話の整合性を増すことになる．

(a) 結束表現

初めに指示関係の表記法について説明する．下記の例にあるように，**先行詞**(antecedent)となる指示表現は右上に，それに依存する**照応的表現**(anaphoric expression)は右下に，共通の数字を表記することにより，指示結束性を示す．

結束性を示す言語表現の主なものには指示表現，代用表現，接続表現，文の情報構造などがある．このうち接続表現は後節で整合関係を表す言語表現として取り上げるので，本節では他の三つを説明する．

指示表現

指示表現(referring expression)の主なものは**名詞的表現**(nominal expression)である．これには固有名詞，普通名詞句，「こそあ」の指示名詞句，ゼロ代名詞などが含まれる．以下に例を上げる．

(ⅰ) **固有名詞** 人名，組織名，地名などの繰り返しや略称
 ・山本光子さん^1…山本さん$_1$
 ・日本経済新聞^2…日経$_2$

- 東京都三鷹市[3]…三鷹[3]

(ii) **普通名詞句**　普通名詞を頭とし，確定詞や修飾詞などを付加したもの
- 10月[4]…同月[4]
- 白い猫[5]…猫[5]

(iii) **指示名詞句**　「こそあ」の確定詞を使ったもの
- 山本光子さん[6]…あの人[6]
- 本を1冊[7]…これ[7]
- 恐ろしい話[8]…その話[8]

(iv) **ゼロ代名詞**　省略された主格(subject) 0_{SB}，目的格(object) 0_{OB}，所有格(possessive) 0_{POSS}
- 白馬[11] が 黒馬[12] の後を走った．そして 0_{SB11} すぐに 0_{OB12} 追い抜いた．
- 弟[13] が [0_{POSS13} 頭] を打ちました．

二つの名詞的指示表現 A と B の間の結束を意味の側面から見ると，大きく分けて3種類の意味関係がある．以下にその3種を例とともに示す．結束の種類の表記は照応的表現の方で区別する．例えば同一指示は 5, 部分指示は $5sub$, 包含指示は $5sup$ である．

(i) **同一指示**(identity)　A と B が同一の事物を指示する．
- この本[1] を借ります．これ[1] は山田さんのですか．

(ii) **部分指示**(subset/subpart/subinterval/subregion)　B が A の指示する事物の一部分を指示する．
- 本を3冊[2] 借りました．1冊[2]sub は山田さんのです．
- あの家[3] は気に入りました．ただ 入口[3]sub が狭いですね．
- 来週[4] 会いましょう．火曜の 午後[4]sub はどうですか．
- ドイツ[5] に行きます．ベルリン[5]sub に1週間滞在します．

(iii) **包含指示**(superset/whole/superinterval/superregion)　B が A の指示する事物を含む事物を指示する．
- 家の猫[6] は眠ってばかりです．猫[6]sup は1日16時間くらい眠るそうです．
- エンジン[7] の音がうるさい．誰の 車[7]sup だろう．
- 10月[8] には旅行できません．秋[8]sup はたてこんでいます．
- ケニア[9] に行っていたんですか．アフリカ[9]sup の景気はどうですか．

動詞的表現(verbal expression)の指示する事象は，上記の3種類の意味連結関係のほかに，後節で紹介するようなさまざまな結束関係で連結され，名詞的表現とはかなり違った結束性を示す．

代用表現

代用表現(substitution)とは，表層文のレベルで，何か先行する言語表現に代わる表現のことである(Halliday & Hasan 1976)．つまり，共通の指示という深いレベルではなく，もっと「浅い」素性を表す言語表現を代用する．ここでは典型的な例をいくつかあげるだけにとどまる．どの例も，bの太文字になっているのが，aの太文字になっている言語表現の代用になっている．

(3) a. **テニスボール**忘れちゃった．
    b. よぶんな**の**があるから貸してあげるよ．
(4) a. **ゴルフで優勝する**夢みたよ．
    b. 本当に**そう**なるといいね．
(5) a. **マヨネーズ抜き**のハムサンドください．
    b. 私のベーコンサンドも**同じ**にしてください．

文の情報構造

結束性を表す言語手段は，語句の単位に限らない．文全体の統語構造やイントネーションも，談話コンテクスト情報と <u>どのように結束するか</u> を表す手段なのである．例えば日本語の「は」と「が」，語順，省略などの統語的選択は，「旧情報・新情報」といったコンテクストの様相を微妙に反映する．

例えば，(6)(7)の2文は，同一の情報を伝えているが，文型が違う．この違いは，「旧情報・新情報」の違いで捉えられる．つまり，何がすでに談話コンテクスト情報として知られているかである．

(6) 花瓶は竜太が割りました．
    旧：誰かが花瓶を割った．
    新：竜太がやった．
(7) 竜太が割ったのは花瓶です．
    旧：竜太が何かを割った．
    新：花瓶だった．

こうして見ると，助詞「は」は旧情報を示す手段で，コンテクストと結び付く情報を示すようである．もちろん，「旧情報」といってもいろいろな種類があり，もっと詳細な定義が必要である．

このような文の情報構造(information structure)の研究は，プラハ学派がTOPIC–FOCUS 構造として伝統的に推進している(Sgall et al. 1986)．彼らは旧情報を表す句をTOPIC，新情報を表す句をFOCUS と呼び，文の語順，イントネーションなどと関係付けている．このような分析方法を日本語の統語構造に応用したのが久野(1978,1983)の統語論の研究である．その他，TOPIC・FOCUS の機能を，コンテクスト情報の更新操作として捉える方法にVallduvi (1990)の「情報パッケージ」(Information Packaging)の研究がある．

(b) 結 束 法

コンテクストに依存する表現の意味を知るには，先行詞あるいは非言語的コンテクスト情報を選び，依存性の性質を計算する必要がある．このような**結束法**の解明は，特に計算言語学で盛んである．ここでは名詞的指示表現の結束法に焦点を当てる．

指示表現の結束法は，文献では，日本語のゼロ代名詞，英語の代名詞や定名詞句など，特定の種類の表現に限った研究がほとんどである．しかし実際の談話を見ると，多種の表現が，一定の事物を何回も繰り返して指示しながら，混じって使われている．では以下の談話例にある指示的結束を見てみよう．

【談話例 2A (物語: 結束性)】

1. 海$_3$ の近くに，[羊$_2$ をたくさん持っている羊飼い]^1 が住んでいました．
2. 毎朝，日$_4$ が昇ると，0_{SB1}羊たち$_2$ をつれて，0_{SB1}海$_3$ 辺の丘$_5$ に行きました．
3. 丘$_5$ には，やわらかい草$_6$ が繁っていました．
4. 羊たち$_2$ は，0_{SB2} 好きなとき，0_{SB2} 好きなだけ 草$_6$ を食べながら，0_{SB2} 遊び回りました．
5. 羊飼い$_1$ は，0_{SB1}羊たち$_2$ を遊ばせて，夕日$_4$ が海$_3$ の向こうに沈む頃になると，0_{SB1}羊$_2$ を追って，0_{SB1} [0_{POSS1} 家] に帰りました．

3.3 結束性

羊飼いへの指示は，文1で「が」格の「羊をたくさん持っている羊飼い」として紹介され，文2の二つの主格ゼロ代名詞に受け継がれる．そしてまた，文5で「羊飼いは」と再紹介され，そのまま同文内で，主格ゼロと所有格ゼロに受け継がれる．このような，談話内で次から次へと連結する指示のつながりを**結束 CHAIN**(coreference chain)と呼ぼう．そして CHAIN を開始する表現を **CHAIN 第1表現**，その後に指示を受け継いで行く複数の指示表現を **CHAIN 続行表現**と呼ぼう．

この談話例の六つの結束 CHAIN を表にまとめたのが表 3.1 である．このような例をもとに，各種の指示表現の結束 CHAIN 内での機能について仮説を立てることができる．この例からは，以下の仮説を立てることができそうである．

(8) 1.「が」格普通名詞句は，CHAIN 第1表現として使われる．
    2.「は」格普通名詞句は，CHAIN 続行表現として使われる．
    3. ゼロ代名詞は，CHAIN 続行表現として使われる．

ところが(8)の仮説は明らかに不十分である．問題点をいくつか上げてみよう．

(9) 1.「が」格普通名詞句は，CHAIN 続行表現としても使われる．例: U5 の「夕日が」
    2.「は」格普通名詞句は，CHAIN 第1表現としても使われる．例:「聖徳太子の母親は」などという，指示対象が知識によって確定できるもの．
    3. ゼロ代名詞は，CHAIN 続行できない場合がある．例: U4 の「羊

表 3.1 談話例 2: 結束 CHAIN

	CC1	CC2	CC3	CC4	CC5	CC6
U1	羊飼い(が)	羊(を)	海(の)	―	―	―
U2	$0_{SB}[2]$	羊たち(を)	海辺(の)	日(が)	丘(に)	―
U3	―	―	―	―	丘(には)	草(が)
U4	―	羊たち(は) $0_{SB}[3]$	―	―	―	草(を)
U5	羊飼い(は) $0_{SB}[3]$ $0_{POSS}[1]$	羊たち(を) 羊(を)	海(の)	夕日(が)	―	―

U: 発話，CC: 結束 CHAIN．[ ] は頻度数を表わし，助詞は( )内に示す

たちは」や U5 の「羊飼いは」を 0_{SB} で置き換えることはできない．
   4. ゼロ代名詞が CHAIN を開始することもある．例: 話し言葉の話し手・聞き手への指示など．

このような問題点を分析していくと，結束表現の仮説は高次元の認知機能に関わる概念を必要としてくる．特に，それぞれの指示対象がそのときの談話記述で「どれだけ中心的か」という，段階的な概念が必要になる．この**中心性**は，「主題性」ないしは「顕著性」とも呼べる概念で，言語が表す，記述内容諸要素の順序付けのようなものである．これを理論化する試みが「焦点状態」(Grosz & Sidner 1986) を用いたものである．**焦点状態**(attentional state) とは談話参加者の目的構造と言語構造によって動的に決まる認知状態である．ここで各発話文によって更新される中心的部分を**センタリング状態**(centering state) と呼び，この中でさらに最も中心的な指示対象が CENTER と呼ばれる (Grosz et al. 1995)．

それではこの CENTER の概念を使って，上記の仮説を訂正してみよう．(このような日本語への応用に，例えば Kameyama (1985)，Walker et al. (1994) がある．)

(**10**) 1. 発話文は，以下の順序で指示対象の中心性を決める (この主題性ハイエラーキーは機能言語学やタイポロジー (Keenan & Comrie 1977; Givon 1979) での仮説と一致する)．
    話題格 > 主格 > 目的格 > その他
   2. 話題格「は」は新しい CENTER を立てる．
   3. ゼロ代名詞はそのときの CENTER を指し，その中心性を続行させる．

(10) の規則に従うと，談話例 2 の CENTER の進行は以下のようになり，この例でのゼロの指示は一応説明される．(10) は (9) に挙げた問題点をすべて解決するわけではないが，話題格がどこから「旧情報」を取り出すか，中心的でない指示対象がどういう言語表現で連結されるかについては何も言っていないので「より安全」ではある．(この CENTER は，各発話文の処理が終った時点でのものである．)

(**11**) U1. 羊飼い
    U2. 羊飼い

U3. 丘
U4. 羊たち
U5. 羊飼い

(10)は典型的な談話の特長を捉えているかもしれないが,以下のような例外が多く出てくる.

(**12**)　a. 佳子は太郎[1]を尊敬している.
　　　b. 友子は 0_{OB1} 軽蔑している.
(**13**)　a. 山田先生は安子[2]に笑いかけているように見えた.
　　　b. 0_{SB2} だんだん心が軽くなって来るのを感じた.

(12)では,文1と文2の並行関係(parallelism)を確立させる談話法が強く働き,ゼロの連結もそれに従う.その結果,目的格のゼロが,前文の主題格ではなく,目的格と連結する.(13)では,談話の**記述視点**(view point)を継続する談話法が強く働き,ゼロが前文の主題格ではなく,「に」目的格と連結する.文のどこに視点があるかは,動詞句のアスペクトによって決まる.ここでは,文1の「に」目的格と文2の主格に視点があり,この二つは同一指示せざるを得ない.

「エンパシー」(empathy)と呼ばれる文法的影響もこのような記述視点の継続法に含まれる(久野 1978).

このように,ゼロ代名詞の連結法は多面的である.CENTER的要素,対応関係,視点継続など,高次元の認知的概念が関係する.これらの概念を明確にするとともに,それぞれの談話法の力関係や相互作用(Kameyama 1996)を明確にする必要がある.

(c) 局 所 性

一般に,指示表現の**記述内容**(descriptive content)が希薄なほど,その先行詞は近いところにある.ゼロ代名詞はその極端な例で,自然,その先行詞は非常に近いところに見つかるわけである.それに比べ,より記述内容が豊富な指示表現は,記述内容そのものが結束可能性を制約するため,より広い範囲に先行詞が見つかる.この他にも,「こそあ」のような指示詞,theなどの定詞も指示表現と先行詞の距離を示している.

この談話上の「距離」は,コンテクスト情報として見ると,**局所性**(locality)に還元することができる.近い距離はより局所的であり,遠い距離はより包括

的となる．したがってゼロ代名詞は，非常に局所的なコンテクストに指示対象（の認知的表示）が見つかるということになる．(このような指示対象物の至近性を階層的分類によって捉えたものに Prince (1981) と Gundel et al. (1993) がある.)

　ここでコンテクストと言っているものは，かなり内容が豊富である．言語的であれ非言語的であれ，新しい談話情報が入って来るたびに，この新情報とコンテクスト内の旧情報との関係付けがされ，コンテクスト情報が更新される．コンテクスト情報は，それまでの談話構造と談話情報を含み，あらゆる命題，結束関係，あらゆる指示対象物によって構成される．その上，中心性，視点，談話目的などの談話素性も加えられる．本章で紹介した整合性・結束性は，このような豊富なコンテクスト情報を，談話参加者たちが，なるべく食い違わないように更新するための談話法となる．

3.4　整合関係

　談話全体の意味は，談話を構成する言語単位(発話文や文)の意味の単なる集合だけにとどまらない．これらの言語単位を結ぶ**関係的意味**(relational meaning)が加わってはじめて全体の意味をなす．例えば(14)の例では，(14a)と(14b)の記述する事象にほとんど関係がない．そこで読み手の方は，整合性を見出そうとして，あらゆる任意の前提知識を想像してしまう．

(14)　a. 社長はインドに出張しています．
　　　b. ロシアの経済状況はかなり苦しそうです．

　現在，談話における関係的意味の重要性を否定する研究者はまずいないが，文献はかなり混乱しており，整理期にあるようである．まず整合性を意図・目的面から決めるのと情報面から決めるのとでは大幅な違いがある(Moore & Pollack 1992)．例えば(15)と(16)の談話例を比べてみよう．

(15)　a. 部長，ロンドン支店から電話がありました．
　　　b. この間の契約について質問があるそうです．
(16)　a. 部長，今時間ありますか．
　　　b. ロンドン支店に至急電話してください．

　(15)と(16)はまったく違う情報を伝えており，それぞれに情報面で整合して

いる．(15)では第1文の理由が第2文に与えられており，因果関係が2文を結ぶ．(16)では第1文の質問の肯定的答が第2文の要求への機会を与える．ところが談話目的という観点から見ると，両方とも部長にロンドン支店に電話させることにある．だからまったく違う情報を伝える(15)と(16)は同一の談話目的でそれぞれに整合していることになる．

次の(17)も意図・目的面と情報面からの整合性が食い違っている．

 (**17**) a. 買物客: 鮭の切り身はありますか．
     b. 売子: 何枚お求めですか．

情報面だけ見ると，売子の答は客の質問に答えていないように見える．しかし客の質問の談話目的には答えている．客は生鮭を買いたいからあるかどうか聞いているので，どれだけ買いたいかを聞き返すことによって，「生鮭の切り身はある」という直接の答を暗黙に与えている．つまり客の目的達成へと一歩先に進んでいるのである．

(a) 整合関係の理論的整理に向けて

前述したように，談話の整合性は意図・目的面からと情報面からとで異なる観点で分析できる．また接続詞などを使った言語的つながりを重視する方法と，暗黙の常識推論まで含める方法といろいろある．例えば代表的な提案は**意図・目的構造**(intentional structure) (Grosz & Sidner 1986)，**整合関係**(coherence relation) (Hobbs 1990)，**修辞関係**(rhetorical relation) (Mann & Thompson 1988)などである．他にも数々の提案があり，1970年代から1980年代にかけて提唱されたさまざまな名称を総合すると350以上もの数になるということである．本章では関係的意味を総称して**整合関係**と呼び，できるだけ概念を整理して紹介する．

250年ほど前，哲学者David Hume(1748)は，思考と思考がつながるために満たされるべき条件として以下の三大原理を提唱した．

 (i) 類似関係
 (ii) 時空的つながり
 (iii) 因果関係

この三大原理をもとにさまざまな整合関係を整理することができる(Hobbs 1990; Kehler 1995)．

類似関係

類似関係(resemblance)による整合性は，二つの記述事象 P と Q とに何か類似する事物，素性などが対応して認識されたときに確立する．これらのうち基本的なものが**並行**(parallel)関係であり，Q が P の例を記述すれば**例証**(exemplification)関係，Q が P を一般化する記述をすれば**一般化**(generalization)関係，Q が P をさらに詳しく述べるときは**詳述**(elaboration)関係，Q が P をまとめるときは**まとめ**(summary)関係となる．以下にこれらの類似関係でつながる談話例をあげる．( )の中の接続表現(conjunction)は，あってもなくても整合関係が変わらないことを示す．

(ⅰ) 並 行
 P=犬が猫を追いかけた．
 Q=(そして)猫が鼠を追いかけた．
(ⅱ) 例 証
 P=大都市では通勤時間が長くなりがちだ．
 Q=(例えば)東京都心には2時間以上かかって通勤する人が少なくない．
(ⅲ) 一般化
 P=東京都心には2時間以上かかって通勤する人が少なくない．
 Q=(一般に)大都市では通勤時間が長くなりがちだ．
(ⅳ) 詳 述
 P=シンガポールで環境問題国際会議が開かれる．
 Q=アジア15か国が海洋汚染などの問題を話し合う．
(ⅴ) まとめ
 P=きのうは朝食の後また眠り，起きて昼食を取り，また夕食まで眠った．
 Q=(つまり)1日中眠っていたというわけだ．

これらの類似をもとにした関係のほかに，類似の否定，つまり対照を認識することによって確立する関係もある．これの基本的なのが**対照**(contrast)関係であり，Q が P の例外をあげるときは**例外**(exception)関係となる．以下にこれらの類似関係でつながる談話例をあげる．

(ⅰ) 対 照
 P=私は菜食主義者．

Q＝(でも)あなたは肉が大好物．
(ⅱ) 例　外
P＝この山脈の桜は4月下旬に満開します．
Q＝(ただ)四郎峠の桜だけは4月上旬に開きます．

因果関係

二つの談話単位 A と B が**因果関係**(cause or effect)で整合するには，A と B の記述する事象 P と Q が，常識的に判断して因果関係を持ち得ることが必要である．つまり常識と記述が相互に依存して，この整合関係が確立する．

(1)(2)の金庫とシャンペングラスの例を取ってみよう．我々の常識のひとつに「二つの物質がぶつかれば，普通，こわれやすいものの方がこわれる」というのがある．この常識は，(1c)の自然な解釈と合うが，(2c)とは合わない．その結果，(1c)は整合するが，(2c)は整合しない．

ある特定の因果関係の知識「P が原因で Q となる」(P causes Q)があったとき，この知識が事実と合うか合わないかで，さまざまな言語表現法がある．記述される事実には大きく分けて4種類ある．

(ⅰ)　P が起こり，それが原因で Q が起こる．　$P \land Q$
(ⅱ)　P が起こったが，予想される Q は起こらない．　$P \land \neg Q$
(ⅲ)　P は起こっていないのに Q が起こる．　$\neg P \land Q$
(ⅳ)　P も起こらないし Q も起こらない．　$\neg P \land \neg Q$

この事実と因果関係の知識との組み合わせを表す言語手段は，従属表現にも接続表現にもいろいろある．

(ⅰ)　結果(result)あるいは説明(explanation)　$P \land Q$
・P であり Q となる．
・P なので Q だ．
・P ならば Q となる．
・P だ．そして／その結果／だから Q だ．
(ⅱ)　逆予想(violated expectation)　$P \land \neg Q$
・P であるが Q とならない．
・P なのに Q とならない．
・P であるにもかかわらず Q とならない．

・P だ．しかし／ところが Q でない．
(iii)　逆防止(denial of preventor)　¬P ∧ Q
・Q だが P でない．
・P でないのに Q となる．
・P でないにもかかわらず Q となる．
・Q だ．しかし P ではない．
(iv)　無事件(nonhappening)　¬P ∧ ¬Q
・P でなければ Q でもない．
・P ではない．だから Q ではない．

もっと具体的な例を挙げてみよう．ここで考える因果関係の知識は,「タクシーを呼べば来る」としよう．
　（i）　タクシーを呼べば来る．
　　　　タクシーを呼んだ．すぐ来た．
　（ii）　タクシーを呼んだがいっこうに現われない．
　　　　タクシーを呼んだ．しかしまったく来ない．
　（iii）　タクシーが呼ばないのに来た．
　　　　タクシーが来た．しかし誰も呼んだ者はいない．
　（iv）　タクシーは呼ばなければ来ない．
　　　　タクシーを呼んだ人はいない．だから来るはずもない．

ここで特筆すべきなのは，整合関係を表す接続的表現の省略可能性である．従属表現にしても接続表現にしても，それがなくても同じ整合関係が推察される場合がある．例えば「グラスが金庫にぶつかった．粉々になった．」では，推察される暗黙の整合関係は結果あるいは説明という「肯定的因果関係」である．これに対して，「グラスは何にもぶつからなかった．割れてしまった．」というような予想に合わない場合は，「しかし」のような言語表現がどうしても必要である．一般に，逆予想と逆防止の「否定的因果関係」は整合関係を表す言語表現を必要とするようである．このあたりの研究も望まれるところである．

時空的つながり

　二つの記述 P と Q が何か共通した事物の時空的変化やつながりを表すとき，**時空的つながり**(configuity in time or place)という整合関係が確立する．

代表的なのは**説話**(narration)と呼ばれる整合関係である．これは，時の進行に沿って展開する事のなりゆきを記述するときに生まれる整合関係で，**機会**(occasion)や**背景**(background)などと呼ばれる関係をも含む．2A であげた羊飼いの話はこの説話関係でつながれた記述の例である．

(18) a. 海の近くに，羊をたくさん持っている羊飼いが住んでいました．
b. 毎朝，日が昇ると，羊たちをつれて海辺の丘に行きました．
c. 丘には，やわらかい草が繁っていました．
d. 羊たちは，好きなとき好きなだけ草を食べながら，遊び回りました．
e. 羊飼いは，羊たちを遊ばせて，夕日が海の向こうに沈む頃になると，羊を追って，家に帰りました．

記述されている事象は，特に類似関係や因果関係で結ばれていなくても，また話し手の論証点などがはっきりしていなくても，自然に整合している．これは，記述されている状況，あるいは事のなりゆきそのものが，言語的記述から独立して筋が通っているからだとも言える．「時空的つながり」の正確な定義がほしいところだが，ひとつ言えるのは，この整合関係は，類似関係や因果関係よりも一般的で，制約が弱いことである．

言語には時間関係を表す表現が豊富である．このような時間関係も時空関係を表す整合関係の中に入れる可能性もある．例えばこのようなものがある．

(i) 重複(overlap)
・日が照っている間，外で遊んだ．
・日が昇ったとき，目を覚ました．
(ii) 先行(precedence)
・日が沈んだ後，外出した．
・日が昇る前，目を覚ました．

論証関係

上記の因果関係を確立させるもととなるのは「P が原因で Q となる」(P causes Q)という事象面での因果関係の知識である．文献では指摘されていないが，これとのアナロジーで，いわゆる**論証関係**(argumentation relation)という，話し手の意図・目的に依存する整合関係の整理ができそうである．つま

り，ここで論証関係を確立させるもととなるのは，もっと主観的な「P が Q の証拠・動機・理由となる」(P supports Q) という論議となる．この論議と，記述される事象との組み合わせパターンによって，上記の因果関係のように，様々な整合関係とそれを記述する言語表現とが列記できる．

ここでは「指紋が一致するのでこの男が犯人だ」という論議をもとに例をあげる．

(ⅰ) 証拠 (evidence) あるいは動機 (motivation)　$P \wedge Q$
  - 指紋が一致する．この男が犯人だ．
  - 指紋が一致するのでこの男が犯人だ．
  - 指紋が一致するならこの男が犯人だ．
  - 指紋が一致する．だから／それなら／ということは この男が犯人だ．

(ⅱ) 反論 (counterargument)　$P \wedge \neg Q$
  - 指紋が一致するけれど，この男は犯人ではない．
  - 指紋が一致するからといって，この男が犯人であることにはならない．
  - 指紋は一致する．しかし／ところが この男は犯人ではない．

(ⅲ) 譲歩 (concession)　$\neg P \wedge Q$
  - 指紋は一致しないがこの男が犯人だ．
  - 指紋が一致しない．しかし／だが／ところが／それでも この男が犯人だ．

(ⅳ) 無証拠 (lack of evidence)　$\neg P \wedge \neg Q$
  - 指紋が一致しなければ，この男は犯人ではない．
  - 指紋が一致しない．だから／それなら／ということは この男は犯人ではない．

上の例でも明らかだが，論証関係を表す言語手段は，因果関係を表すものと共通する．つまり，言語は，原因，証拠，動機，理由などの細かい区別をせず，これらに共通な一種の**含意関係** (implication relation) P supports Q をおおまかに表していることになる．

(b) 整合関係から生じる談話構造

整合関係と談話構造とはどのように関係しているだろうか．ここでは Hobbs et al.(1993) にある定義をもとに，その関係付けをする．

3.4 整合関係

一般に，談話構造は，以下のようなボトムアップの書き換え規則で定義できる．

(19) 1. 発話文$_i$ ⇒ 談話節$_i$
2. 整合関係(談話節$_j$, 談話節$_k$) ⇒ 談話節$_{[j+k]}$ ($j \neq k$)

(19)によると，各発話文は談話節であり，何らかの結束関係で結ばれる二つの談話節はより大きな談話節となる．こう定義すると，整合した談話は，最終的にひとつの談話節としてまとまることになる．底辺の発話文の列の上に，整合関係で結ばれる談話節が中間段階の談話節を構成するのである．この構造の一例を図3.1に示す．

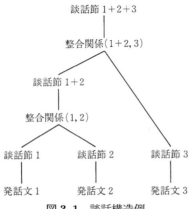

図3.1 談話構造例

図3.1の構造には，例えば以下のような談話例がある．

(20) a. 私は菜食主義者．
b. あなたは肉が大好物．【対照(1, 2)】
c. だから一緒に料理するのは問題です．【理由(1+2, 3)】

図3.1のような構造は，談話全体の処理が終ってからはじめてでき上がるのではなく，発話文ひとつひとつを動的に組み込みながら徐々にできると仮定するのが自然である．その過程を段階ごとに図3.2に示す．

図3.2にあるような談話構造の生成過程での，発話文の組み込み操作を考えてみよう．新しい発話文は，既存の談話構造の中のどの談話節とも好き勝手に結び付くことができるだろうか．例えば(20)の発話文(20c)を変えて，(21)では談話節2に，(22)では談話節1に結び付けてみよう．

116　**3 談話分析: 整合性と結束性**

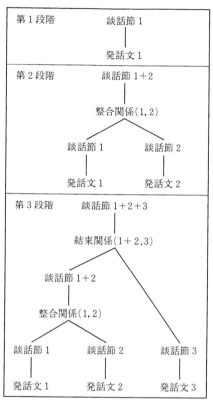

図 3.2 談話構造生成過程例

(21) a. 私は菜食主義者．
　　 b. あなたは肉が大好物．【対照(1, 2)】
　　 c. この間もステーキ屋で上機嫌．【例証(2, 3)】

(22) a. 私は菜食主義者．
　　 b. あなたは肉が大好物．【対照(1, 2)】
　　 c.#肉の匂いだけでも気持が悪くなる．【詳説(1, 3)】

ここで発話文3を発話文1に結び付けることが難しいことがわかる(#は整合性がよくないことを表す)．これはどうしてだろうか．ひとつの説明は，新しい談話情報を付け足すことができるのは談話木構造の**右端辺**(right edge)に限るという仮説である(Webber 1991; Polanyi 1988)．右端辺とは，右端底辺にあるノードと，そこから順に親ノードをたどったもので，例えば，図3.2の第

2段階では，談話節2と談話節1+2に当たる．これらは情報付け足し可能な開いているノード(open node)であり，談話節1は，情報付け足し不可能な閉じているノード(closed node)となる．

この右端辺制約は，(19)の定義に以下のように制約を加えれば自然に導くことができる．

(23) 1. 発話文$_i$ ⇒ 談話節$_i$
2. 整合関係(談話節$_j$, 談話節$_k$) ⇒ 談話節$_{[j+k]}$ $(j \neq k)$ 隣接(談話節$_j$, 談話節$_k$)

もちろん，この「隣接」という制約は，もっと厳密に定義する必要がある．

3.5 新聞記事の分析例

それでは視点を変えて，実世界での新聞記事を談話例として取り上げてみよう．談話例3は新聞記事の一例に最小限の整理を加えたものである．これは三つの段落(1, 2, 3-4-5)からなるが，段落情報は抜かした．

【談話例3(新聞記事)】

0. [コンテクスト：発信者＝日経新聞，発信日＝1990年6月18日]
1. 松下電工はイタリアの照明メーカー，パフ社(本社ミラノ市)と提携し，今秋から欧州を中心に海外の照明器具を本格輸入する．
2. 消費者の高級化志向に合わせ，トップクラスのデザインを誇る欧州製品を販売する．
3. パフ社は先鋭的なデザインの「イタリア・モダン」の照明メーカー．
4. 松下電工は安全基準や電圧などの仕様を日本に合わせ，テーブルスタンドなど16品種を10月から輸入する．
5. 同月には東京・新宿に4620平方メートルの大ショールームを開設し，その展示品の目玉の一つにする．

ここでは「実世界の大手新聞記事は整合している」と前提する．すると，この例も一つの木構造をなすことになる．このような政治経済面の新聞記事は，「実世界の情報の正確な伝達」が包括的な談話目的なので，情報面での整合性さえ達成すれば，談話全体が整合する．そこで，図3.3では情報的整合関係に

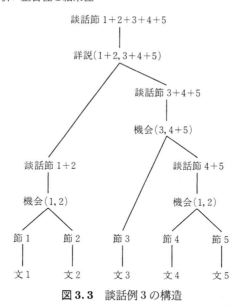

図 3.3　談話例 3 の構造

よる木構造分析例を示す.

　図 3.3 の木構造でひとつ特筆すべきことは，これをもとにいわゆる「段落」と言われる言語単位が予想できることである．つまり「段落は中間段階の談話節に当たる」という仮説をもとにすれば，この新聞記事の実際の段落 (1, 2, 3–5) と一致する．そしてもう一つの可能な段落構成は 1–2, 3–5 ということになる．次にこの新聞記事の指示結束性を談話例 3A に示す．

【談話例 3A（新聞記事：結束性分析）】

0. [コンテキスト：発信者＝日経新聞，発信日＝1990 年 6 月 18 日]

1. 松下電工^1 は [イタリア^2 の照明メーカー, パフ社(本社ミラノ市)]^3 と提携し，0$_{SB1}$ 今秋^4 から欧州^5 $_{2sup}$ を中心に [海外 $_{5sup}$ の照明器具]^6 を本格輸入する．

2. 0$_{SB1}$ 消費者の高級化志向に合わせ，0$_{SB1}$ [トップクラスの デザインを誇る 欧州$_5$ 製品]^7 $_{6sub}$ を販売する．

3. パフ社$_3$ は 0$_{SB3}$ 先鋭的なデザインの「イタリア・モダン」の照明メーカー．

4. 松下電工$_1$ は 0$_{SB1}$ [0$_{POSS3}$ 安全基準や電圧などの仕様] を日本^{10} に合

わせ，0_{SB1} [0_{POSS3} テーブルスタンドなど 16 品種] ^{9} $_{7sub}$ を 10 月 ^{8} $_{4sub}$ から輸入する．
5. 同月$_8$ には 0_{SB1} [東京・新宿] $_{10sub}$ に [4620 平方メートルの大ショールーム] ^{11} を開設し，0_{SB1} 0_{OB9} その$_{11}$ 展示品の目玉の一つにする．

談話例 3A にある結束性と上記(10)での仮説を照らし合わせると，以下のような点が挙げられる．
- 文 1–4 の主格ゼロの説明はきれいに付く．
- 文 5 の主格ゼロは，同文の主題格「同月」を指さないので例外となる．これは(10)–2 に以下の制約を加えることによって問題なくなる．

   他に何も助詞が付かない話題格「は」は新しい CENTER を立てる．
- 文 4 の二つの所有格ゼロは，同文主格ゼロと異なる指示をするので例外となる．このような例外は，優先規則を常識推論が拒否したものと考える．このような談話法同士の力関係は，理論の基本的枠組に含まれるべきである．
- 文 5 の目的格ゼロ(0_{OB9})も，対応関係による優先規則の例外となる．これも常識推論による拒否のようである．
- (10)のような談話情報の中心性のような概念を媒介として働く談話法のほかに，純粋な世界知識をもとにする結束性もある．例：イタリア–欧州–海外，日本–東京・新宿

3.6 談話と文の境界: 総合的言語理論へ向けて

談話分析は，もともと，文の形式的構造と意味を研究対象とする理論言語学ではなく，言語の機能を重視する人工知能，計算言語学，心理言語学，機能言語学，語用論，などの諸分野で並列的に発展してきた．理論言語学の立場からは，談話研究における概念や現象が，一見，末梢的に見えるかもしれない．つまり，文法理論を完成させた後で取り組むべき問題のように見えるかもしれない．しかし，言語本来の機能は情報伝達にあり，典型的な情報伝達は 1 文ではなされない．また，「文」の単位は，限りなく柔軟性があり，談話との境界を定めることは難しい．この事実を考えると，談話的要素を無視した文法理論は不

可能で，言語の構造と意味の研究に，談話分析が不可欠ということになる．ここでは，現在の談話分析の基本的概念を整理し，わかりやすく説明することによって，将来の有機的で総合的な言語理論の構築に役立てたいと願う．

第3章のまとめ

3.1 談話分析は孤立した文ではなく，複数の発話文がつながってできた談話を言語分析の基本単位とする．生成文法など，文を対象とする統語分析では，文法的な文と非文とを区別する違反不可能な規則を研究対象とするが，談話分析ではつながりのよさ，談話の自然さ，わかりやすさを制約する違反可能な談話則を研究対象とする．

3.2 談話におけるつながりのよさを示す概念としてよく使われるものに，整合性と結束性がある．整合性は，談話の意味的つながりを表し，常識，推論，連想など非言語的な要素も含む．結束性は，接続表現，指示表現などさまざまな言語的手段を使っての言語的つながりを表す．両者は独立した概念ではなく，密接に関連している．

3.3 整合性を計算論的に捉えるためには，「聞き手に課する推論の量」という概念を導入するのがよい．談話の整合性が強ければ強いほど，話者の意図した意味に達するまでに要する推論量が少ない．

3.4 言語表現によって結束性を強めれば，推論が統制されるため，聞き手に課する推論の量を減らすことができる．このために使われる言語的手段が結束表現である．結束表現は，談話処理に必要な聞き手の推論の負担を減らして，整合性を強くする言語的手段である．結束表現には，指示表現，代用表現などがある．

3.5 整合性を強めるための意味的つながりとしては，類似関係，因果関係，時空関係，論証関係がある．談話は二つの発話文をこれらの意味関係によって談話節にまとめていき，まとめられた談話節と他の談話節の間にさらに意味関係をつけて，より大きな談話節にまとめていくことによって構成される．この談話構造は木構造で表すことができる．新しい談話情報は談話木構造の右端辺に限られる．

3.6 文という言語単位は限りなく柔軟性があり，談話との境目を見きわめることは非常に難しい．文の研究と談話の研究を截然と区別することは困難であり，したがって，言語の構造と意味に関する規則性を追究するためには談話の研究

が不可欠である．有機的，総合的な言語理論の構築に談話研究が役に立つはずである．

4
対話の計算論的モデル

4 対話の計算論的モデル

【本章の課題】

　本章では，対話を計算という観点からとらえる方法について述べる．計算概念を利用した対話の研究は，人工知能分野における自然言語対話システム研究に端を発する．ことばを用いた人間・機械インタフェース構築という問題設定は，有用な工学的応用の可能性を拓いたばかりでなく，対話のさまざまな側面をコンピュータ上に実現可能なように明示的に定式化するという課題を通じて，言語やコミュニケーションに対する科学的研究においても，新たな領域を開拓することとなった．対話に対する計算論的研究は，既存の言語学が対象としていた，システムとしての言語の静的記述という興味を越えて，言語が利用される動的な過程およびそれを取り巻くさまざまな文脈を明示的な形に表現することを目指すという点で，コンピュータに限らず，人間の言語利用の理論としても重要な研究分野となっている．

　以下では，まずはじめに計算論的アプローチの目標と特徴を述べる．次に人工知能分野における質問応答システムをめぐる初期の試みとその限界を概観することによって，対話に関与する文脈の整理を行う．それから，対話に対する計算論的アプローチの代表的手法として，プランニングアプローチについて述べる．最後にプランニングアプローチの限界と，それを乗り越えることを目的として現在研究が進められているいくつかの方向について述べる．

4.1 なぜ計算論的アプローチか

　特定の機能を，コンピュータに代表される情報機械を用いて人工的に実現することを目標とした研究手法は，**計算論的アプローチ**(computational approach) と呼ばれる．対話に対する計算論的アプローチは，端的に言って，人間と対話するコンピュータを実現するにはどうすればよいかという問題設定に導かれる研究手法である．コンピュータを用いて実現するといっても，計算素子の段階からハードウェア・アーキテクチャ，ソフトウェアシステム，プログラム記述に至るまでさまざまな階層で問題を設定することが可能である．このように問題が複雑な場合には，しばしば，階層の混乱は生産的な研究の発展を阻害する．まず理論階層の整理を行ってからモデル構築に取り掛かる必要がある．

　Marr(1982)は計算論的モデルの階層を計算理論，アルゴリズム，実装の3階層に分けてとらえることを提唱した．Marrによるこの提案は主に視覚の理論を対象としたものであったが，3階層による整理は視覚理論に限定されず，さまざまな機能を通じて適用が可能である．まず，計算理論の階層では，問題とする機能が何をしているのか(what)の記述を課題とする．機能の入出力関係，その満たすべき制約を，実現方法からは切り離して独立に記述する．次に，アルゴリズムの階層では，計算理論で規定された機能の計算をどのような手順で実現するか(how)を問題とする．情報の表現とそれに対する操作記述が主な課題である．最後に実装の階層では，物理的な実現形態が問題とされる．実現形態が半導体素子からなるコンピュータなのか蛋白質からなる神経回路網なのかはこの階層で初めて問題となる．

　この3階層構造において，Marrは特に計算理論のレベルの記述の重要性を強調した．問題とする機能をどのように実現すべきかの前に，まず何を実現すべきかを明らかにする必要がある．視覚の計算理論では，視覚の問題を，2次元の像という入力に対して，出力として外界の物体の3次元構造を復元することととらえる．この問題は，一般には解が一意に定まらない不良設定問題であるので，視知覚が可能となるためには外界に関する何らかの制約条件を課する必要がある．このようにとらえることによって，入力・出力・制約条件の関係を具体的な計算アルゴリズムや実装方法とは切り離して，独立に考察すること

ができる．

　対話でも事情は同様である．対話の場合，言われた言葉を理解し，それに対して適切な応答を返すことが要求される．一見したところ，入力も出力も言語表現であるため，言語表現の世界に注意が集中されがちである．しかし，理解するとはどういうことか，適切な応答とはどういうものなのかといった条件をとらえるためには，知識，常識，信念，意図，文脈など言語表現以外の要素まで考慮にいれる必要がある．そのような言語外の要因がどのようなものであって，それらがどのように関与しているのかを吟味するのが対話の計算論的アプローチの課題である．

　知識，常識，信念，意図，文脈，これら言語外の要因として取り上げられるべき概念は，どれをとっても具体的な物理的実体に直接対応するものではない．一方，これらの概念がどのようなものであって，日常的な対話の中でどのような役割を果たしているのか，われわれの間にはおおまかではあるが，暗黙のうちに何らかの共通了解が存在している．計算論的アプローチでは，そのような概念に厳密な規定を与え，理論的な位置付けを明示することが要求される．このようにモデルの中に登場する概念に対して厳密な規定を与えようとすることを通じて，概念とその役割の明確化が進展するという点が計算論的アプローチの大きな利点である．

4.2　質問応答システムとその限界

次のような仮想的シナリオを考えてみよう．
　　言語科学研究所では，所内のさまざまな情報をコンピュータ管理している．誰でもがそのシステムを使えるように，対話インタフェースが用意されている．画面上にCG合成の顔が現れて，普通の言葉で話しかけることができる．今日から田中さんが新メンバーとして計算対話グループに加わるので，彼女に新しいオフィスを割り当てる必要がある．グループリーダの西川さんが対話インタフェースを呼び出して話しかける．

(1)　U_1: 3階に空いているオフィスはありますか？
　　　S_1: はい，305と321が空いています．
　　　U_2: 計算対話グループの人で3階にオフィスのあるのは誰ですか？

S₂: 山本さんと鈴木さんです．
U₃: 山本さんのオフィスは？
S₃: 320 です．
U₄: それは，321 の隣ですね？
S₄: はい．
U₅: それでは田中さんのオフィスを 321 にしましょう．
S₅: はい．
U₆: それから，山本さんに電話をかけてもらえますか？
S₆: はい．
　　……

　コンピュータとの間でこのような対話が可能となれば，あたかも人間のスタッフに話しかけるようにしてコンピュータと接することが可能となる．

　対話には，あいさつのように社会的関係を良好に保つための儀礼的な機能と，言語の持つ情報表示機能を利用した情報授受の機能とがある．前者の機能は握手，お辞儀，黙礼のように非言語的な手段によっても担われるが，後者は言語の持つ精密な情報表示機能に依拠するという点で言語に特有である．対話における情報授受の機能には，言葉を利用して相手に情報を伝える，相手から情報を得る，相手に何らかの行為をさせる，などが含まれる．中でも，質問をすることによって相手から情報を得ることは対話の代表的な機能である．上の例(1)では，ユーザ(U)はシステム(S)に対して，オフィスの空き状況の情報や，オフィスと使用者の関係に関する情報を問い合わせ，新しいオフィスの利用者の情報を伝え，さらに特定の相手に電話をかけるよう依頼をしている．

　人間と対話をするコンピュータを作ろうという試みは，1960 年代の後半から自然言語による質問応答システムとして始められた．例えば，LUNAR システム (Woods 1970)は，アポロ計画によって月から持ち帰られた岩石サンプルのデータベースに対して英語で問い合わせをすることを目的として開発された．SHRDLU(Winograd 1972)では仮想的な積木の世界に住むロボットに対して，人間の側から積木の状態の問い合わせや積木の組み立ての指示をすることができた．人間の側が一方的に主導権を握るだけでなく，コンピュータの側が一時的に対話の主導権をとることを許したシステムも考案された(Bobrow et al. 1977)．

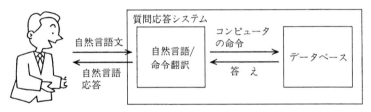

図 4.1 質問応答システムの構造

これらの研究に共通の思想は，以下のようにまとめられる（図 4.1 参照）．
- 人間の発話をコンピュータに対する命令ととらえる．
- 自然言語の文をコンピュータの命令に翻訳する手続きをプログラムする．
- 自然言語文から翻訳されて得られる命令を実際に実行することにより対話が成立する．

上の例ではまずシステムは，図 4.2 に示されるように，各人の名前，所属やオフィス，電話番号の情報をデータベースとして持っている．ユーザによる最初の問い合わせ文 U_1 は，以下のようなデータベース問い合わせに翻訳される．

U_1: 3 階に空いているオフィスはありますか？

情報の問い合わせ: Y/N 疑問

内容: **オフィス(X)**

フロア(X,3 階)

¬∃Z 使用者(X,Z)

この問い合わせを表??のデータベースに対して実行した結果，

X＝部屋 145, 部屋 644

が得られ，これからシステムの応答文 S_1 が作られる．同様に，U_2, U_5, U_6 の文はそれぞれ以下のようなデータベース操作に翻訳される．

U_2: 計算対話グループの人で 3 階にオフィスのあるのは誰ですか？

情報の問い合わせ: wh 疑問(X)

内容: **メンバー(X)**

所属(X, 計算対話グループ)

オフィス(Y)

フロア(Y,3 階)

使用者(Y,X)

U_5: それでは田中さんのオフィスを 321 にしましょう．

オフィス(部屋 145)	メンバー(人 09)	…
オフィス番号(部屋 145, 305)	名前(人 09, 鈴木)	
フロア(部屋 145, 3 階)	所属(人 09, 計算対話グループ)	
隣(部屋 035, 部屋 769)	使用者(部屋 112, 人 09)	
…	……	
オフィス(部屋 322)	メンバー(人 15)	…
オフィス番号(部屋 322, 237)	名前(人 15, 佐藤)	
フロア(部屋 322, 2 階)	所属(人 15, 談話文脈グループ)	
隣(部屋 288, 部屋 033)	使用者(部屋 033, 人 15)	
…	……	
オフィス(部屋 644)	メンバー(人 22)	…
オフィス番号(部屋 644, 321)	名前(人 22, 山本)	
フロア(部屋 644, 3 階)	所属(人 22, 計算対話グループ)	
隣(部屋 288, 部屋 769)	使用者(部屋 769, 人 22)	
…	……	
オフィス(部屋 769)	メンバー(人 35)	…
オフィス番号(部屋 769, 320)	名前(人 35, 大木)	
フロア(部屋 769, 3 階)	所属(人 35, 計算対話グループ)	
隣(部屋 145, 部屋 644)	使用者(部屋 322, 人 35)	
…		

図 4.2　対話システムのデータベースの一例

情報の追加

内容：メンバー(X)
　　　名前(X, 田中)
　　　オフィス(Y)
　　　オフィス番号(Y, 321)
　　　使用者(Y, X)

U_6：それから，山本さんに電話をかけてもらえますか？

行為遂行の依頼

内容：電話をかける(X)
　　　メンバー(Y)
　　　名前(Y, 山本)
　　　電話番号(Y, X)

表 4.1 文の表層構造とコンピュータに対する操作指令の対応

	表層構造		操作指令
(a)	平叙文	⇒	情報の追加
(b)	疑問文	⇒	情報の問い合わせ
(c)	命令文	⇒	行為遂行の依頼

　これらの例では，文の表層的な構造とデータベースに対する操作には表4.1に示すような対応が成立している．

　言語の構文規則・意味規則，データベースの構造に関する知識，オフィスに関する一般常識などをプログラムの中に組み込むことによって，与えられた言語表現から，コンピュータに対するデータベース操作命令へ変換するプログラムを構築することができる．このような手法に基づく質問応答システムは，コンピュータと言葉でやりとりすることを可能にするという点で，ある程度の成功をおさめた．

　しかし，質問応答システムの手法には限界がある．先の例に戻って，今，言語科学研究所の建物は3階建てだとしよう．誰かがそれを知らずに，あるいは誤って，次のような問いをしたとしよう．

(2)　U: 4階に空いているオフィスはありますか？
　　　S: いいえ，ありません．

システムは，プログラムされた手順にしたがって問い合わせの文をデータベース問い合わせに翻訳し，それを実行する．そもそも建物に4階は存在しないので，データベースには当然4階の情報はない．したがってシステムは「ありません」という応答を返す．この場合，システムの応答は内容的には誤っていないが，誤解を招く応答である．人間であれば，「言語科学研究所の建物は3階建てです」のように返答するだろう．ユーザによる問い合わせは，4階があることを前提としてはじめて意味を持つ．人間同士の対話では，そのような前提が成り立っていないことが判明したときには，質問に答える前に，まず前提が成り立っていないことを指摘する必要がある．

　言語表現の表層構造と翻訳して得られるコンピュータに対する操作指令との間には，表4.1に示す対応関係には当てはまらないものがたくさん存在する．

(3) A: すいません，時計をお持ちですか？
　　B: 今，2:30 です．

Aの発話は，表層構造上は時計所持の有無を尋ねる疑問であるが，現実には時間を教えてくれという依頼として機能している．Bが，「はい，持っています」とだけ答えたならば，きわめて不親切な応答とみなされるだろう．

(4) A: 塩を取っていただけますか？
　　B: はい，どうぞ．

(3)と同様に，Aの発話は表層上は相手の意図の有無を尋ねる疑問だが，実際には依頼として機能している．ここでも，もしBが「はい」とだけ答えて何もしなければ不自然である．

(5) A: ひどい頭痛がするのです．
　　B: それならば，この薬はいかがですか？

薬局で客Aが店員Bに対して上のような発話をすれば，それは単なる自分の健康状態に関する情報提供だけではない．当然，適切な薬の推薦を依頼している．

(6) A: 明日の晩，映画に行きませんか？
　　B: 宿題がいっぱいあるんです．

Bの発話は表層上は情報提供であるが，Aからの勧誘に対する断わりになっている．日常生活で，勧誘を断わる際に「いいえ」とだけ言うのでは，円滑な人間関係を維持するのは不可能だろう．

　このような例は，決して特別な言葉の使い方を示しているわけではなく，われわれの日常的な対話には常に見られる現象である．われわれが対話をするときには，使われる言語表現が具体的にどのようなものであるかは問題ではなく，相手がどのような意図をもって発話しているのか，そして，その意図に対してどのように協力的に応答するのかが最も重要である．対話の計算モデル構築においても，同様に，言語の表層的構造のみに着目するのでなく，発話の背後にある意図，協力的応答という観点から対話をとらえ直す必要がある．

4.3 伝達意図の諸相

　それでは，対話の中で人が何かを発話するとき，その背後にある意図とはど

のようなものだろうか．その前にそもそも意図とはどのようなものだろうか．そして，発話の意図はその中でどのような位置を占めるのだろうか．

意図は，ある目標状態を実現するための行為を実行しようとするとき，その背後に存在する心的な状態であると特徴付けることができる．風邪をひいて咳をする，手を滑らせて皿を落として割る，つまずいてころぶ，これらはいずれも意図せずに行われる行為である．それに対して，咳払いをして存在を告げる，鬱憤をはらすために皿を投げて割る，身体を地に投げ出して礼拝する，これらはいずれも意図的に行われる．外から観察する限りでは，両者の行為はお互いにそれほど大きく隔たっていない．どちらも，咳をする，持っていた皿を手から離す，自分の身体を地面に倒すという点では共通である．異なるのは，行為者が意図を持ってそれらの行為を行うかどうかという点である．前者では何らの意図もないのに対して，後者では，行為者は，自分の存在を告げる，鬱憤をはらす，礼拝するという目的のために行為を行っている．

意図は行為に結び付いている．その点で意図は願望とは異なる．単に漠然といつか大金持ちになりたいと思っているだけでは，大金持ちになることを意図しているとは言えない．そのために，例えば，宝くじを買う，大金持ちの親を持つ娘/息子に近づく，あるいはベンチャービジネスを起こすなど，具体的な行為につながってはじめて，(実現可能性の問題はあるにせよ)大金持ちになることを意図していると言える．

このように，意図は，内容を持った心的状態である．心的状態として，意図は将来の行為を引き起こす原因となる．一方，意図の内容は，それがどのような目標に向けられ，どのような行為なのかを規定する．発話の背後にある伝達意図について，心的状態の側面と内容の側面の両面から考察してみよう．

(a) 伝達意図の特徴

Grice(1969)は，話し手Sが，発話Uによって聞き手Hに効果Eを生み出すという場合の話し手の伝達意図に関して次のような分析を示している．
(1) 話し手SはUが聞き手HにEを引き起こすことを意図する．
(2) 話し手Sはその意図が聞き手Hによって認識されることを意図する．
(3) さらに，話し手Sは，聞き手Hによる意図の認識がEをもたらす原因(の一部)となることを意図する．

4.3 伝達意図の諸相

　まず，(1)の要素は伝達意図に不可欠である．意図のこの要素が欠落した発話は，言うつもりがなかったのにおもわずしゃべってしまったという，いわゆる「舌が滑る」場合や，落ち着きのない話し方から嘘が露見してしまう場合のように，正常な発話から逸脱している．

　(1)は備えるが，(2)の要素が欠落している発話は，たとえば次のような場合である．首相が秘書に向かって話している．ドアの反対側に姿は見えないが声は聞こえる場所に新聞記者が潜んでいる．首相が新聞記者の存在を知りながら，特ダネとなる重要な決定事項を秘書に向かって告げる．首相を話し手S，新聞記者を聞き手Hとすると，この場合，首相は意図的に情報を新聞記者に漏らしているのであり，伝達意図の(1)の要素は備えている．しかし，首相は決してその意図が新聞記者に認識されることは意図していない．したがって，意図的に相手に情報を伝えたとは言えない．

　(1)(2)は備えるが，(3)の要素が欠落している場合は，上の例を少し変形して得られる．今度はドアが閉まっていて，普通に話したのでは新聞記者に聞こえないとしよう．そこで新聞記者に聞こえる程度に声を張り上げて首相が話したとする．今度は新聞記者は，首相に情報を漏らす意図のあることを認識することができる．大きな声で話すのはそれが認識されることを意図したためである．したがって，この場合の首相の発話は(2)の要素まで備えている．しかし，その意図の認識が原因となって新聞記者に特ダネ情報が伝わることまでを意図したとは言いがたい．たとえ声を張り上げることが首相の(2)の意図によって引き起こされたとしても，単に興奮したために大声を出していると新聞記者は勘違いしてその意図を認識しないかもしれない．その可能性を排除していないという点で首相は(3)の意図まで有しているとは言えない．

　言葉で意図的に何かを伝えるという出来事が正常に行われるためには，その背後にある伝達意図が，上記の3要素をすべて備えている必要がある．「舌が滑る」場合は明らかに意図的ではない．情報漏洩の例が意図的なコミュニケーションに該当しないことは，たとえ重要情報を漏らしたと責められたとしても，首相はそんな意図はなかったと正当に反論することが許されるということに端的に示されている．一方，このような例の存在は，われわれの日常的なコミュニケーションは，常に完全に伝達意図によって支配されているわけではなく，意図の有無に関して中間的な程度が多数存在していることを示している．

(b) 言語行為と行為の構造

　それでは，意図の内容はどのような構造をしているのだろうか．意図は，通常，行為をすることによって何かを実現することに向けられる．

　たとえば，ワールドカップサッカーの試合をテレビ中継で観戦するという例を考えてみよう．まず，テレビの番組予定表を見て，所望の試合が放映されるチャンネルと日時とを確認する．それから，その時間になるとテレビの前に座って試合を観戦する．サッカーの試合のテレビ中継を見るという意図は，これら一連の行為全体に対して向けられている．

　行為の構造をもう少し詳細に見てみよう．テレビ中継の観戦という行為を α_1 としてみよう．すると行為 α_1 は，放映日時・チャンネルを知る行為 α_2，テレビをつける行為 α_3，試合を見る行為 α_4 という三つの部分行為から構成されている．これら部分行為のうち，行為 α_2 と行為 α_3 とは，いずれも行為 α_4 の準備として機能している．放送日時・チャンネルを知る，テレビをつける，の両方が成功しなければ，試合を見るという行為は不可能である．このように，一方の行為が成功して初めて他方の行為が可能となる場合には，それらの行為は行為の**可能化**(enablement)の関係にあると言う．α_2 と α_4，α_3 と α_4 とはそれぞれお互いに行為の可能化の関係にある．

　一方，テレビをつけるという行為 α_3 は，実際にはおそらく，テレビのリモコンのスイッチを押すという行為 α_5 によって実現されるだろう．その場合，α_3 と α_5 との関係は，一方が他方を可能とするという行為の可能化の関係とは異なっている．テレビのリモコンのスイッチを押すことによってテレビをつけるという行為を行う．リモコンのスイッチを押すという行為 α_5 を行ったときに，同時にリモコンに電池が入っている，テレビの電源コードがコンセントに差し込んである，停電していないなどの環境条件が成立していれば，それはテレビをつけるという行為 α_3 を行ったことになる．このように，「によって」で結びつけられる関係にある行為は，お互いに行為の**生成**(generation)の関係にあると言う．したがって，リモコンのスイッチを押すという行為 α_5 はテレビをつけるという行為 α_3 を生成する．

　このような行為の間の関係を利用すると，言語行為の階層を行為の生成・可能化の関係によってとらえることができる．Austin(1962)によれば，言語行為

は以下の三階層によってとらえることができる．
(ⅰ) **発語行為**(locutionary act)　言葉を発するという行為
(ⅱ) **言語内行為**(illocutionary act)　言明，依頼，約束など言葉を発することによって行う行為
(ⅲ) **言語媒介行為**(perlocutionary act)　納得させる，説得するなど言葉を発する行為によって結果として行う行為

　たとえば，「窓を開けてください」という言葉を口に出して発する，紙に書いて差し出す，あるいは電子メールにして送るなどの行為は，言葉を発するという発語行為を構成する．そのときに，その行為を行った主体が窓を開けてほしいと思っている，受け手が耳が聞こえる，字が読める，日本語を解するなどの条件が成立するならば，窓を開ける依頼をするという言語内行為を行っていることになる．すなわち，「窓を開けてください」という言葉を発するという発語行為は，窓を開ける依頼をするという言語内行為を生成する．
　さらに，依頼の発言を受けた人がそれによって窓を開けようと考えるに至れば，窓を開けるよう説得するという言語媒介行為が成功したこととなる．依頼の言語内行為は，その発言を受けた人が，その依頼を理解し，受諾するという行為を可能化する．そして，依頼とその受諾が一緒になって，全体として窓を開けるよう説得するという言語媒介行為を生成する．
　伝達意図の内容となるのは，このような構造を備えた言語行為である．

（c）目標状態としての共有信念

　意図の内容は，何らかの目標の達成のための行為である．伝達意図の場合には，その内容は相手に情報を伝え，新たな信念や意図を生ぜしめることを目標とした行為となる．しかし，単に相手に情報を伝え，新たな信念・意図を生み出すだけで，伝達したことになるとは限らない．次のような例を考えてみよう．
　　太郎と花子は同じセミナーに参加している．セミナーは通常毎週木曜日に開かれる．ところが来週は急に予定が変わって水曜日に開かれることになった．太郎は花子に，セミナーの日程変更を伝えようとして花子を探している．その途中で太郎は直美に出会い，直美に一連の事情を説明した．ところが，そのときにたまたまドアの陰に花子がいて，ふたりの話を聞いていた．その結果，花子はセミナーの日程変更の情報を得た．

この場合，確かにセミナーの日程変更の情報は太郎から花子に伝わり，花子は新しい信念を得るに至っている．しかし，太郎が花子に出会って，直接伝えた場合とは明らかに異なっている．実際，太郎は花子に情報が伝わったことを知らないので，花子を探し続けるだろう．これでは太郎が花子に情報を伝達したとは言いがたい．

伝達が成功するためには，その情報が話し手と聞き手との間で共有される必要がある．すなわち，伝達意図によって行われる伝達行為の目標とする状態は，単に聞き手の中に新しい信念を作り出すだけではなく，話し手と聞き手の間に共有信念を作り出すことである．情報 p が A と B の間の共有信念となっているときには，A, B の両者が p を信じているだけでなく，A は B が p を信じていると信じている，B は A が p を信じていると信じている，A は B が A が p と信じていると信じていると信じている，B は A が B が p と信じていると信じていると信じている，A は B が A が B が p と信じていると信じていると信じていると信じている，……と任意の深さの信念の埋め込みが成立する．

共有信念を構成する埋め込まれた信念は，コミュニケーションにおいて重要な役割を果たしている．上述のセミナーの日程変更の例に手を加えて以下のような例を考えてみよう．

> 太郎は花子にセミナーの日程変更を教えるために，電子メールを送ることにした．日程変更を告げる電子メールを花子に送った後で，花子はそれほど熱心な電子メールユーザではないことを思い出した．それから，太郎は水曜日のセミナーの後の夕方にコンサートがあるので，花子を誘おうと思った．翌日になって，太郎が花子に出会ったときには，すでに花子は太郎からの電子メールを見ているとしよう．そのときに，太郎は「セミナーの日の夕方コンサートに行かない？」という言い方で，水曜日の夕方のことを指すことができるだろうか．

太郎も花子もともに「セミナーは水曜日」ということを知っている．しかし，花子が電子メールを見ているかどうかは太郎には定かではない．もしまだ見ていなければ，花子はいつも通りセミナーは木曜日と思っているはずだ．つまり，太郎は「セミナーは水曜日」ということを花子が知っていることを知らない．したがって，二人ともセミナーの正しい日程を知っているにもかかわらず，太郎は「セミナーの日」という言い方で水曜日と伝わるという確証が持てないだろう．この例は，第1階層の信念が成立しても，第2階層の埋め込み信念が欠

けていると，コミュニケーションが不成功に終わることを示している．

　花子はあまり電子メールを使わないので，太郎からの電子メールも翌日になってからやっと読んだ．あわてて日程変更を教えてくれたお礼の返信を太郎に送り返した直後に太郎に出会ったとしよう．花子は自分の返信を太郎はまだ読んではいないだろうと思っている．ところが，太郎は実はモバイルおたくで，電子メールはどこにいてもすぐにチェックしているため，花子からの返信もすでに見ていたとしよう．今度は，太郎は「セミナーの日の夕方コンサートに行かない？」という言い方で，水曜日の夕方のことを指すことができるだろうか．

太郎も花子も「セミナーは水曜日」と知っている．さらに太郎は花子がこれをすでに知っていることも知っている．花子ももちろん太郎が日程変更を知っていることを知っている．しかし，花子は，自分が日程変更を知っていることを太郎が知っていることは知らない．花子が日程変更をすでに知っているということが伝わっていなければ，太郎は依然として花子は木曜日がセミナーと思っていると考えるかもしれない．そうすると，太郎は花子のために，木曜日のことを言うために「セミナーの日」という言い方をしたのかもしれない．花子はこのように推論することができるため，太郎が「セミナーの日」といっても必ずしも花子に水曜日と伝わるとは限らない．この例は，第2階層の埋め込み信念まではそろっていても，第3階層の埋め込み信念が欠けていると，やはりコミュニケーションはうまく行かないことを示している．

　階層をさらに深くしても同様である．花子は太郎がモバイルおたくであることを友人から聞いて知っていたとしよう．したがって，自分の返信を太郎はすでに読んでいると思っている．しかし，自分がモバイルおたくであることを花子が知っていることを太郎自身が知らなければ，太郎は，花子からの返信はまだ見ていないと花子は思っていると考えるだろう．太郎の第4階層の埋め込み信念が欠落している．そうすると，ちょうど上に示した推論によって花子は「セミナーの日」を木曜日と解釈してしまうかもしれない，と太郎は考える．そのように考えると，太郎はやはり「セミナーの日」で水曜日と伝わる確証を持つことができない．

　結局，「セミナーの日」によって変更後の日程の水曜日を指すためには，太郎と花子の間で日程変更の事実が共有信念となっている必要がある．この例は，言葉によってある対象を指示するという基本的な機能においても，共有信念が

必要とされることを示している．

　共有信念は，信念の無限の埋め込みを必要とするため，一見達成不可能に見えるが，共有信念を作るのはそれほど難しくない．セミナーの日程変更案内が掲示版に掲示されているのを太郎と花子が一緒に見れば，あるいは前回のセミナーで教授が日程変更を告げるのを二人が一緒に聞いていれば，両者の間には自動的に共有信念が生まれる．このように，ある事象を複数の人が一緒に経験するという**共在条件**(copresence)が成立すれば，それらの人々の間にはその事象に関する共有信念が生成される (Clark & Marshall 1981)．

4.4　対話のプランニングモデル

　これまで，対話コミュニケーションの背後にある伝達意図の特徴および構造について述べてきた．本節では，対話コミュニケーションにおいて伝達意図の果たす機能を，プランニングという概念によってとらえる計算モデルについて述べる．質問応答システムがもっぱら言語の表層的構造に着目していたのに対して，対話のプランニングモデルでは，対話コミュニケーションを，目標を達成するために意図的に行われる行為の一種と見なし，その背後にある意図やプランの形成および認識という観点から記述する．以下では，まず，信念，知識，意図という人間の心的状態を形式的に記述する手法について述べ，次に行為およびプランの記述手法を述べる．さらに，それらに基づいて，プラン推論が，対話コミュニケーションにおいて果たす役割のモデルを示す．

(a)　信念・知識・意図

　対話を通じて，人々は他者に新たな信念や意図を生ぜしめ，また他者から新しい知識を得る．対話の計算モデルを構築するには，まず，これら信念，知識，意図などのモデルを用意する必要がある．信念，知識，意図など人間の心的状態に関する概念は，一括して**命題的態度**(propositional attitude)と呼ばれる．これらの心的状態は，命題情報を内容とするためである．「太郎は地球は平らだと信じている」とは，太郎の心的状態には信念というタイプのものがあり，しかも，それは「地球は平らだ」という命題を内容として持っているということである．

Hintikka(1962)は，信念および知識に対して，様相論理の枠組を用いた定式化を提唱している．その定式化では，信念や知識を命題に対する様相演算子と見なし，様相論理体系の公理が知識や信念の性質とよく対応することを示した．様相論理に対しては，**クリプキ意味論**(Kripke semantics)と呼ばれる標準的な意味定義の方法が知られている．それを適用することによって，信念や知識の定式化に対しても論理的に厳密な意味付けを与えることができる(Fagin et al. 1995)．

今，命題 p が時間 t において成り立っていることを，$p[t]$ と書くとしよう．t は1点の時刻に限らず幅を持った時間でかまわない．さらに，a が命題 p を信じているという命題を $\mathcal{B}_a p$，a が命題 p を知っているという命題を $\mathcal{K}_a p$ で表すとする．信念，知識の命題が時間 t において成り立つことは，それぞれ $\mathcal{B}_a p[t]$，$\mathcal{K}_a p[t]$ となる．すると，まず，信念に関しては以下のような命題が任意の時間で成り立つと考えるのが自然である．ただし，$p \wedge q$ は p と q の両方が成り立つ，$\neg p$ は「p ではない」が成り立つ，$p \Rightarrow q$ は「p が成り立つならば q が成り立つ」という命題をそれぞれ意味する．

(B1) $(\mathcal{B}_a p \wedge \mathcal{B}_a (p \Rightarrow q)) \Rightarrow \mathcal{B}_a q$

a が p が成り立つと信じており，さらに p ならば q が成り立つと信じているならば，a は q も成り立つと信じている．信念を組み合わせて推論ができるということに相当する．

(B2) $\mathcal{B}_a \neg p \Rightarrow \neg \mathcal{B}_a p$

a が p でないと信じているならば，a は p と信じていることはない．信念は矛盾していないということに相当する．

(B3) $\mathcal{B}_a p \Rightarrow \mathcal{B}_a \mathcal{B}_a p$

p を信じているならば，信じているということ自体を信じている．

(B4) $\neg \mathcal{B}_a p \Rightarrow \mathcal{B}_a \neg \mathcal{B}_a p$

p を信じていないならば，信じていないということは信じている．(B3)

(B4)ともに，信念に関しては内省が可能であることに相当する．

これらの性質を公理と考えると，様相論理の KD45 と呼ばれる体系に相当する．

知識の内容は単に矛盾がないだけではなく，正しいと考えられるので，知識に関しては，以下の性質が成り立つと考える．

(K)　$\mathcal{K}_a p \Rightarrow (\mathcal{B}_a p \wedge p)$

　a が p を知っているならば，a は p を信じており，また，p は実際に成り立っている．知識は正しい信念である．

対話コミュニケーションのモデル化では，さらに，話し手と聞き手の間の信念や知識の共有を考える必要がある．共有信念は，すでに述べたように，任意の深さの埋め込みの信念を含んでいる．集団 G のメンバーの間の共有信念 $\mathcal{MB}_G p$ は，以下の式を満足する X として定義することができる．

$$X = \bigwedge_{a \in G} \mathcal{B}_a (p \wedge X)$$

集団 G のメンバーの間の共有知識 $\mathcal{MK}_G p$ も同様に定義される．

対話コミュニケーションを考えるときには，さらに，2 種類の知識演算子を導入しておくと便利である．誰かに質問をする場合を考えてみよう．「来週の木曜日にはセミナーが開かれますか？」「セミナーは何時に始まりますか？」このような質問をするときには，当然相手は答を知っていると思っている．最初の質問の場合，質問をする側は答える側が「来週の木曜日にセミナーが開かれるかどうか知っている」と思っている．返答者は「来週の木曜日にセミナーが開かれるということを知っている」か，あるいは「来週の木曜日にはセミナーが開かれないということを知っている」のどちらかであると思っているが，そのどちらであるのかは分からない．$\mathcal{K}^{IF}$ は，この「……かどうか知っている」という知識の状態を表す演算子である．具体的には，$\mathcal{K}_a^{IF} p$ は，a は p が成り立つかどうかを知っているという命題を表す．これは，知識 $\mathcal{K}$ を用いて，以下のように定義される．

$$\mathcal{K}_a^{IF} p \stackrel{\mathrm{def}}{\Leftrightarrow} (\mathcal{K}_a p \vee \mathcal{K}_a \neg p)$$

同様に，2 番目の質問では，質問者は，返答者が「セミナーの始まる時間が何時なのかを知っている」と思っているが，それが実際に何時なのかは分からない．$\mathcal{K}^{REF}$ は，この「……が何なのかを知っている」という知識の状態を表す演算子である．具体的には，$\mathcal{K}_a^{REF} D$ は，a は記述 D によって指示される対象が何であるのかを知っているという命題を表す．記述 D の指示対象を $\mathrm{ref}(D)$ で表すと，これは，知識 $\mathcal{K}$ を用いて，以下のように定義される．

$$\mathcal{K}_a^{REF} D \stackrel{\mathrm{def}}{\Leftrightarrow} \exists x \mathcal{K}_a (\mathrm{ref}(D) = x)$$

意図に関しては，ここでは，意図自体を信念や知識と同様に，基本的な心的

態度と見なし，意図に対応する演算子を導入する．a が行為 act の遂行を意図しているという命題を，$\mathcal{I}_a \text{act}$ と表す．ある行為を意図するならば，当然その行為を将来実際に実行すると信じていると考えるのが自然である．したがって意図と信念との間には以下の関係が成り立つ．ただし，$\text{Do}(\text{act}[a])$ は，行為 act が a によって実行されるという命題を表す．

$$\mathcal{I}_a \text{act} \Rightarrow \mathcal{B}_a(\text{Do}(\text{act}[a]))$$

意図をそれ自体を基本的な心的状態とは見なさずに，それ以外のより基本的な心的態度の複合ととらえることもできる．Cohen & Levesque (1990) は，意図の持つ持続性に着目し，意図を信念および目標という2種類の基本的な心的態度によって定義する定式化を提案している．

(b) 行 為

前節で，言葉を発することは，言語行為という行為を遂行することと見なすことができること，一般に，行為には生成および可能化の関係に基づく構造化がなされていること，そして，発話の背後には，このような構造を持った行為を実行するという意図が存在することを述べた．それでは，行為はどのように定式化することができるだろうか．

行為は，ひとつの状態から別の状態への遷移を引き起こす．「テレビをつける」という行為は，「テレビがついていない」という状態から「テレビがついている」という状態への遷移を引き起こす．ここで，具体的出来事としての行為と，タイプとしての行為型とを区別する必要がある．「テレビをつける」という具体的出来事は，特定の時間に特定の人によって特定のテレビに対して引き起こされるものである．しかし，同じテレビを次の日につけることもできるし，別の人がつけることもできる．このように多数ある具体的出来事に共通なタイプとして「テレビをつける」という**行為型**を想定することができる．行為型は，プログラムに相当すると見なすこともできる．同じ行為型を，異なった時間に，異なった人が実行することで，さまざまな具体的出来事としての「テレビをつける」という行為が遂行される．タイプとしての行為型を act とするとき，それが時間 t に，人 a によって実行されたという具体的出来事としての行為を $\text{act}[a,t]$ と表すことにする．さらに，$\text{Do}(\text{act}[a,t])$ を，a が時間 t において行為 act を実行するという出来事が実際に起こったという命題，$\text{Exe}(\text{act}[a,t])$

を，a が時間 t において行為 act を実行可能であるという命題としよう．

行為は，生成と可能化の関係によって構造を持つ．例えば，前節で述べた，ワールドカップサッカーの試合観戦という行為の構造は，図 4.3 のように表現される．生成と可能化の関係は，やはり，行為型と具体的出来事としての行為の二つの段階でとらえることができる．

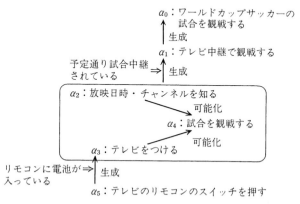

図 4.3　行為の構造の例「ワールドカップサッカーの観戦」

行為型の間の生成関係は，以下のように定義される．対話コミュニケーションの状況では話し手と聞き手の両方が入れ替わりながら行為の主体となるので，以下の定義では，行為の主体を一般化して集団とする．

条件 p が成立する時間 t に集団 G が行為型 α を実行すれば，G は時間 t において行為型 β を実行したことになるときに，行為型 α が行為型 β を条件 p の下で行為型生成する T–GEN(α, β, p) と呼ぶ．

$$\text{T--GEN}(\alpha, \beta, p) \stackrel{\text{def}}{\Leftrightarrow} \forall G \forall t ((p[t] \land \text{Do}(\alpha[G, t])) \Rightarrow \text{Do}(\beta[G, t]))$$

行為型生成関係にある行為型を連ねると，行為型の連鎖が形成される．行為型 α_1 が行為型 α_2 を行為型生成し，…，α_{n-1} が α_n を行為型生成するという行為型連鎖を $[\alpha_1, \dots, \alpha_n]$ で表す．リモコンに電池が入っているなどの環境条件 p が満たされているときに，リモコンのスイッチを押すという行為型 α_5 を実行すれば，同時に，テレビをつけるという行為型 α_3 を実行したことになる．そして，その結果としてテレビがつくという状態が得られる．したがって，$[\alpha_5, \alpha_3]$ は行為型生成によって作られる行為型連鎖となる．

これに対して，生成関係を具体的出来事としての行為のレベルでとらえると，

以下のように定義できる．

時間 t において集団 G が行為型 α を実行するという出来事としての行為が，同じ時間 t において G が行為型 β を実行するという出来事としての行為を生成する $\text{GEN}(\alpha[G,t],\beta[G,t])$ とは，行為型 α が行為型 β を環境条件 p の下で行為型生成し，かつ，その環境条件 p が t において成立することである．

$\text{GEN}(\alpha[G,t],\beta[G,t]) \overset{\text{def}}{\Leftrightarrow}$ 環境条件 p が存在し，$\text{T-GEN}(\alpha,\beta,p) \wedge p[t]$

一方，行為型の間の可能化関係は，以下のように定義される．

集団 G が時間 t に行為型 α を実行すれば，t に引き続く時間 t' において条件 p が成立し，さらに，条件 p が成立するならば G にとって行為型 β が実行可能であるとき，行為型 α は行為型 β を条件 p を介して行為型可能化する $\text{T-ENA}(\alpha,\beta,p)$ と呼ぶ．

$$\text{T-ENA}(\alpha,\beta,p) \overset{\text{def}}{\Leftrightarrow} \forall G[\forall t \exists t'((t \leqq t') \wedge (\text{Do}(\alpha[G,t]) \Rightarrow p[t'])) \wedge$$
$$\forall t(p[t] \Rightarrow \text{Exe}(\beta[G,t]))]$$

行為型可能化関係にある行為型を連ねることによっても，やはり，行為型の連鎖が形成される．行為型 α_1 が行為型 α_2 を行為型可能化し，…，α_{n-1} が α_n を行為型可能化するという行為型連鎖を $\langle \alpha_1,\cdots,\alpha_n \rangle$ で表す．可能化の場合，すべての行為が可能化関係によって線形に並べられるとは限らない．お互いに可能化の関係にはない α と β との合成行為型を，$\alpha \| \beta$ と表す．すると，$\langle \gamma,(\alpha \| \beta) \rangle$ は，γ が α,β の両方を同時に可能化する行為連鎖を，また，$\langle (\alpha \| \beta),\gamma \rangle$ は，α と β とが一緒になって γ を可能化する行為連鎖を示す．

放映日時・チャネルを知るという行為型 α_2 とテレビをつけるという行為型 α_3 とによって，試合の中継放送が受信されるという条件 p が実現される．そして，試合中継が受信されていれば，試合を観戦するという行為型 α_4 を実行することが可能である．行為型可能化によって作られる行為型連鎖は，$\langle (\alpha_2 \| \alpha_3),\alpha_4 \rangle$ のようになる．結局，図 4.3 に示される行為型全体の構造は，

$$[\langle (\alpha_2 \| [\alpha_5,\alpha_3]),\alpha_4 \rangle,\alpha_1,\alpha_0]$$

で表される．

これに対して，可能化関係を具体的出来事としての行為のレベルでとらえると，以下のように定義できる．

時間 t において集団 G が行為型 α を実行するという出来事としての行為

が，時間 t' において G が行為型 β を実行するという出来事としての行為を可能化する $\text{ENA}(\alpha[G,t],\beta[G,t'])$ とは，行為型 α が行為型 β をある条件 p を介して行為型可能化し，かつ，その条件 p が t' において成立することである．

$$\text{ENA}(\alpha[G,t],\beta[G,t']) \stackrel{\text{def}}{=} \text{ある条件 } p \text{ に対して } \text{T-ENA}(\alpha,\beta,p) \land p[t']$$

ワールドカップサッカーの試合を観戦する (α_0) 方法は，テレビ中継で観戦する (α_1) 以外にもある．実際に試合場まで出かけて観戦してもよいだろう．同じように，テレビをつける (α_3) のは，リモコンを使う (α_5) のでなく，直接テレビのスイッチをいれることによっても実現できる．$[\alpha_1,\alpha_0], [\alpha_5,\alpha_3]$ のように，行為型生成による連鎖を作ることによって，はじめて実現方法まで特定した行為型が得られる．α_0, α_3 のように，もたらすべき効果のみ指定して，実現方法を特定しない行為型を，効果 p に着目して，$\text{Ach}(p)$ のように表すことにする．

言語行為の3層構造も，生成と可能化の関係に基づく行為の構造を利用してとらえ直すことができる．図 4.4 に情報 p を伝達するという場合を例として言語行為の構造を示す．

図 4.4　行為の構造の例「伝達の言語行為」

(i) まず，p に対応する内容を持つ言語表現を発話するという行為型 **発語行為**(p) がある．

(ii) 言語表現の発話 **発語行為**(p) は，適切な条件 C_1 が満足されるとき，聞き手 H に p という信念を与えるという話し手 S の意図が H に伝わるという行為型 $\text{Ach}(\mathcal{B}_\text{H}\mathcal{I}_\text{S}\text{Ach}(\mathcal{B}_\text{H}p))$ を生成する．条件 C_1 には，

- 聞き手 H が言葉を理解でき，また発話を聞いている．
- 話し手 S が適切な伝達意図 $\mathcal{I}_{comm}$ を持って発話を行う

という 2 通りの条件がある．

(iii) さらに，$\text{Ach}(\mathcal{B}_H \mathcal{I}_S \text{Ach}(\mathcal{B}_H p))$ によって可能化されて，聞き手が発話の内容に納得して自分の信念として受諾するという行為型 AdoptBel(p) が引き続いて起こると，$\text{Ach}(\mathcal{B}_H \mathcal{I}_S \text{Ach}(\mathcal{B}_H p))$, AdoptBel$(p)$ が合わさって，聞き手 H に情報 p が伝わるという行為型 $\text{Ach}(\mathcal{B}_H p)$ が生成される．この生成には，

- AdoptBel(p) が $\text{Ach}(\mathcal{B}_H \mathcal{I}_S \text{Ach}(\mathcal{B}_H p))$ によって引き起こされる．
- 話し手の伝達意図 $\mathcal{I}_{comm}$ が聞き手によって認識される

という二つの条件が満足される必要がある．
話し手の伝達意図 $\mathcal{I}_{comm}$ は，以下のように表される．

$$\mathcal{I}_S[\langle \text{Ach}(\mathcal{B}_H \mathcal{I}_S \text{Ach}(\mathcal{B}_H p)), \text{AdoptBel}(p)\rangle, \text{Ach}(\mathcal{B}_H p)]$$

行為型連鎖に対する意図は，連鎖の要素に対する意図を含むことを考慮すると，すでに紹介した Grice による伝達意図の 3 要素は，$\mathcal{I}_{comm}$ の要素 $\text{Ach}(\mathcal{B}_H p)$，$\text{Ach}(\mathcal{B}_H \mathcal{I}_S \text{Ach}(\mathcal{B}_H p))$ に対する意図，および $\mathcal{I}_{comm}$ 自体に相当することが見て取れるだろう．

このような言語行為の分析の下では，発語行為は p を内容とする言語表現の発話 **発語行為**(p) に，発語内行為は **発語行為**(p) によって聞き手に話し手の意図を伝える $\text{Ach}(\mathcal{B}_H \mathcal{I}_S \text{Ach}(\mathcal{B}_H p))$ を生成する行為連鎖 [**発語行為**(p), $\text{Ach}(\mathcal{B}_H \mathcal{I}_S \text{Ach}(\mathcal{B}_H p))$] に，発語媒介行為は，発語内行為とそれによって可能化された聞き手の受諾行為とが合わさって，聞き手が納得するに至る行為構造全体

$$[\langle[\text{発語行為}(p), \text{Ach}(\mathcal{B}_H \mathcal{I}_S \text{Ach}(\mathcal{B}_H p))], \text{AdoptBel}(p)\rangle, \text{Ach}(\mathcal{B}_H p)]$$

に，それぞれ相当する．

(c) プラン

サッカーの試合の観戦および言語行為を例として，行為の構造について述べてきた．ここで，もう一度，行為の背後の心的状態に立ち戻って考えてみよう．サッカーの試合の観戦も言語行為も，ともに行為主体によって意図的に行われる．意図的行為には構造を持った行為に関する意図と信念が随伴する．サッカーの試合の観戦という比較的単純な行為であっても，行為主体は，複雑な意図

と信念の構造を背後に持っている．どのようにしたら試合を見るという目的が実現できるか．どのようなステップに分解されるか．それらのステップをどのような順序に配列して実行すべきか．可能な方法のうちのどれを採用するべきか．

意図的な行為の背後には，個々の行為遂行に関する意図のみならず，行為の構造に対する意図が伴う．サッカーの試合観戦では，試合を観戦するという全体の行為のほかに，試合の放送予定を知るに始まり，テレビのリモコンのスイッチを押すに至るまで，さまざまな部分行為が関与している．当然，それらの部分行為も意図的に実行される必要がある．それだけでなく，部分行為はすべて図 4.3 に示した構造に従って，サッカーの試合を観戦するという全体の行為に貢献するよう意図されている．

行為の構造には，さらに，信念も随伴する．すなわち，意図的に行為を実行するときには，可能化と生成の構造に従って行為を実行することが可能であり，その結果として目標が達成される（少なくとも目標の達成が不可能なわけではない）ということを行為主体は信じている．放送時間を知り，その時間にテレビをつけることによって，試合を見ることが可能となり，それらの部分行為の積み重ねによって試合を観戦することになるということを，行為主体は信じているから，そのような構造に従って行為を遂行する．

このように，意図的行為の背後にあり，目標達成に向けた行為の構造に対する心的態度は，**プラン**(plan)と呼ばれる．

プランの概念は，はじめに人工知能分野で，ロボットの行動生成のために導入された (Fikes & Nilsson 1971; Fikes et al. 1972)．ロボットには，手を伸ばす，手を握る，手を開く，前進する，身体の向きを変えるなど基本的な動作のレパートリーが備わっている．そのようなロボットに，積木を積み上げて塔を作る，荷物を誰かのところへ配達するなど，より高度でまとまった仕事を行わせることを考える．もし基本的動作を要素として，それらの組み合わせによって仕事のための動作プログラムが得られるならば，組み合わせを変えることによってロボットにさまざまな行為を行わせることができるだろう．そこで，与えられた目標に対して基本動作を組み合わせて作られる動作プログラムのことをプランと呼んだ．これは，プランの持つ作業手順としての側面に着目した見方である．プランを料理のレシピのように，作業手順の記述と考える．料理ご

とにレシピがあるように，目標ごとに作業手順としてのプランが対応する．達成すべき目標が与えられれば，対応するプランを求め，それに従って行為を遂行することにより目標が達成される．

その後，合理的エージェントの研究の中で，意図的行為を背後から支える心的態度として，プランが果たす役割の重要性が認識されるようになってきた (Bratman 1987; Bratman et al. 1988; Pollack 1990)．われわれを取り巻く環境は常に変化しており，将来を完全に予測することは不可能である．しかも，人間の思考能力・記憶能力など計算資源は有限であり，複雑な推論を短時間で行うことはできない．そのような制約の下でも，人間は大きな不都合を生じることなく，さまざまな目標を求めて一貫した行動をとることができる．構造を備えた行為に対するプランは，そのために重要な役割を果たしている．

目標達成のための作業手順を指定し，資源制約下での合理的振舞いの実現に寄与するプランの持つ性質は，プランを構造を持った行為に対する信念と意図の組み合わせと見なすことによってとらえることができる．

行為主体 a が時間 t において行為 α をプランとする $\mathcal{P}_a(\alpha)[t]$ とは，以下のように特徴付けられる．

(1) a は α に含まれる部分行為が実行可能と信じている．

α のすべての部分行為 β に対して，
$$\mathcal{B}_a(\text{Exe}(\beta))[t]$$

(2) a は α に含まれる部分行為が α の構造に従って可能化，生成の関係を満たすと信じている．

- α に $[\cdots, \beta_i, \beta_j, \cdots]$ が含まれるならば，
$$\mathcal{B}_a(\text{GEN}(\beta_i, \beta_j))[t]$$
- α に $\langle \cdots, \beta_i, \beta_j, \cdots \rangle$ が含まれるならば，
$$\mathcal{B}_a(\text{ENA}(\beta_i, \beta_j))[t]$$

(3) a は α に含まれる部分行為を α の構造に従って実行するよう意図する．
$$\mathcal{I}_a(\alpha)[t]$$

(d) プラン推論

意図的行為を支えるプランを想定すると，プランを対象とした推論を考えることができる．**プラン推論**(plan inference)には，プランの構築を行う**プラン**

ニング(planning)と，プランの推定を行う**プラン認識**(plan recognition)とがある．前者は，実現すべき目標を与えられて，それを実現するプランを構築する推論である．それに対して後者は，他者の行為を観察し，それに基づいて行為の背後にあるプランを推測する推論である．

プランニング

プランニングは，目標 p を実現するという行為型 Ach(p) のみからなるプランから始めて，実行可能なプランの構造を構築する過程ととらえられる．サッカーの試合を観戦するという目標から始めて，テレビで観戦するという目標に具体化し，さらに，放送時間を知る，テレビを付けるなどの部分目標に分解していく．最終的に，実行可能な基本的行為型に分解されたときに，プランニングは終了する．このように，プランニングでは，上位の目標から下位の基本的行為へと推論が進行する．

プランニングのためのアルゴリズムは，1970年代から人工知能分野で盛んに研究が行われた．Sacerdoti(1974)は，プランの構造を階層的にとらえ，プランを段階的に詳細化していく階層化プランニングの方法を提案した．旅行のプランをたてるときに，右足から踏み出すか左足から踏み出すかを最初に考える人はいない．まず，目的地，経路，時期など大まかな予定を決め，それから宿泊場所や具体的な旅行日程を定めるというように，段階的に計画を詳細化するのが自然だろう．プランニングでは，階層化を行ったほうが効率的にプランの構築ができる．プランニングのアルゴリズムについては，まず，Rosenschein(1981)が，線形プランを対象とした一般的プランニングアルゴリズムを示している．**線形プラン**(linear plan)とは，プランに含まれる行為の実行順序がすべて完全に指定されているプランを指す．さらに，Chapman(1987)は，プランニングを行為の時間順序に未指定部分を含む**非線形プラン**(non-linear plan)に拡張して，一般的プランニングアルゴリズムを提示している．

ここでは，プランニングアルゴリズムの詳細に立ち入ることはせず，プランニング推論に利用される推論規則を示す．対話コミュニケーションを対象とした場合，プランニング推論規則は，以下に示すように，構造規則，知識規則，他者規則の3種類に区分することができる．$A \Rightarrow_c B$ で，プラン A からプラン B を構築するというプランニング規則を表す．また，X をプランニング推論を

行う主体, Y を他の動作主体とする.

プランニング構造規則 プランの構造に従って対象となる行為型連鎖の拡張を行う. 拡張の方向は, 上位の部分行為から下位の部分行為への展開, あるいは, 部分行為からそれを可能化する部分行為への遡及である. いずれの推論も, 行為型連鎖を左側に拡張する操作である. 推論は, どの行為がどの行為を生成あるいは可能化するかという, 行為間の生成および可能化関係に関する信念に基づいて行われる.

- $\mathcal{B}_X(\text{T-GEN}(\langle\cdots,\alpha,\cdots\rangle,\beta,C))\land\mathcal{B}_X C$ ならば,
$$\mathcal{P}_X[\beta]\Rightarrow_c\mathcal{P}_X[\langle\alpha\rangle,\beta]$$

行為 α が行為 β を生成する行為の一部であるならば, β の実行のために α を実行するというプランを構築する.

- $\mathcal{B}_X(\text{T-ENA}(\alpha,\beta,C))$ ならば,
$$\mathcal{P}_X\langle\beta\rangle\Rightarrow_c\mathcal{P}_X\langle\alpha,\beta\rangle$$

行為 α が行為 β を可能化するならば, β の実行のためにまず α を実行するというプランを構築する.

プランの構造に基づくプランニング推論は一般的に適用可能である. 積木の組み立てにせよ, 旅行計画にせよ, 料理にせよ, 対象とする領域に属する行為間の生成・可能化関係の知識を持っていれば, 構造規則を適用することにより, その領域の目標実現のためのプランを構築することができる.

以下では, 主に達成目標 p を指定する行為型 $\text{Ach}(p)$ に着目し, 上記ふたつの場合を統合して, 以下のように表すこととする.

- $\mathcal{B}_X(\text{T-GEN}(\langle\cdots,\text{Ach}(p),\cdots\rangle,\text{Ach}(q),C))\land\mathcal{B}_X C$ あるいは, $\mathcal{B}_X(\text{T-ENA}(\text{Ach}(p),\text{Ach}(q),C))$ ならば,
$$\mathcal{P}_X\{q\}\Rightarrow_c\mathcal{P}_X\{p,q\}$$

プランニング知識規則 プランニングでは, 現在あるいは行為の進行中の状態に関する情報を得ることが重要な役割を果たすことがある. 特に, 他者と共同で目標を実現するときには, コミュニケーションによる知識の授受がしばしば必要となる.

- 状態 p を実現するために, まず p がすでに成り立っているかどうかを知る.
$$\mathcal{P}_X\{p\}\Rightarrow_c\mathcal{P}_X\{\mathcal{K}_X^{IF}p,p\}$$

プランニング他者規則 他者のいる状況では, 目標の実現のために他者と協

力し，他者を利用する方法がある．他者に何かを依頼することにより，目標実現のステップを分担してもらうこともプランニングに取り入れる必要がある．

- **他者の利用** 状態 p を実現するために，p の実現を他者 Y が意図するよう仕向ける．このプランニング規則と次の規則は，他者 Y に p の実現を依頼するという行為の基礎となる．

$$\mathcal{P}_X\{p\} \Rightarrow_c \mathcal{P}_X\{\mathcal{P}_Y\{p\}, p\}$$

- **他者の説得** 状態 p の実現を他者 Y に意図させるために，p の実現を X が望んでいることを相手 Y に信じさせることをプランする．依頼文の発話によって，依頼内容の実現を話し手が望んでいることを相手に伝えることができるので，依頼のプランが構成される．

$$\mathcal{P}_X\{\mathcal{P}_Y\{p\}\} \Rightarrow_c \mathcal{P}_X\{\mathcal{B}_Y\mathcal{P}_X\{p\}, \mathcal{P}_Y\{p\}\}$$

- **他者のプランニングの利用** 他者主体 Y が，プランニングの際に，q を実現するために p が手段になると推論すると思われるならば，それを利用して，Y に q の実現のために p を実現するというプランを作らせることによって，Y に p を実現させるよう仕向けることができる．Y に席を外してもらう (p) ために用事をお願いする (q) というような場合がこのプランニング規則の適用に該当する．

もし，$\mathcal{B}_X(\mathcal{P}_Y\{q\} \Rightarrow_c \mathcal{P}_Y\{p, q\})$ ならば，
$$\mathcal{P}_X\{\mathcal{P}_Y\{p\}\} \Rightarrow_c \mathcal{P}_X\{\mathcal{P}_Y\{p, q\}, \mathcal{P}_Y\{p\}\}$$

プラン認識

プラン認識では，プランニングの反対に，他者の行為の観測を出発点として，その背後のプランの推測を行う．a がテレビを付けるという行為を行うのを見て，それから a がサッカーの試合を見ようとしていると推測するように，プラン認識推論では，部分行為から始めて，上位の目標へと推論が進行する．多くの日常的な状況では，台所で料理をする，商店で買物をするなど行為主体の置かれた状況から，主体の持つ上位の目標が容易に推測できる．そのような場合には，プラン認識推論は，観測される行為と上位目標とをつなぐプランを求める推論となる．

プラン認識のためのアルゴリズムは，1970年代後半から，人工知能における対話理解研究を中心として進められてきた．Allen(Allen & Perrault 1980;

Allen 1983) は,プラン認識の規則を発見的規則として定式化している.Kautz (Kautz & Allen 1986; Kautz 1990) は,非単調推論に基づくプラン認識の定式化と,一般的なプラン認識アルゴリズムを提案している.

ここでは,プラン認識のアルゴリズムの詳細には立ち入らず,プラン認識推論に利用される推論規則を示す.プランニングの場合と同様に,対話コミュニケーションを対象とすると,プラン認識推論規則を,構造規則,知識規則,他者規則の3種類に区分することができる.$A \Rightarrow_r B$ で,プラン A からプラン B を推測することができるというプラン認識規則を表す.X をプラン認識推論を行う主体,Y をプラン認識の対象となる行為主体とする.

プラン認識構造規則　他者が持っていると推測されるプランの構造に従って対象となる行為型連鎖の拡張を行う.拡張の方向は,下位の部分行為から上位の部分行為への延伸,あるいは,部分行為からそれによって可能化される部分行為への進展である.いずれの推論も,行為型連鎖を右側に拡張する操作である.推論は,どの行為がどの行為を生成あるいは可能化するかという,行為間の生成および可能化関係に関して,行為主体が抱いていると想定される信念に基づいて行われる.

- $\mathcal{B}_X(\mathcal{B}_Y(\text{T-GEN}(\langle \cdots, \alpha, \cdots \rangle, \beta, C)) \land \mathcal{B}_Y C)$ ならば,
$$\mathcal{B}_X \mathcal{P}_Y \langle \alpha \rangle \Rightarrow_r \mathcal{B}_X \mathcal{P}_Y [\langle \alpha \rangle, \beta]$$

行為 α が行為 β を生成する行為の一部であるならば,β の実行のために α を実行するというプランを推測する.

- $\mathcal{B}_X(\mathcal{B}_Y(\text{T-ENA}(\alpha, \beta, C)))$ ならば,
$$\mathcal{B}_X \mathcal{P}_Y \langle \alpha \rangle \Rightarrow_r \mathcal{B}_X \mathcal{P}_Y \langle \alpha, \beta \rangle$$

行為 α が行為 β を可能化するならば,β の実行のためにまず α を実行するというプランを推測する.

プランニング推論の場合と同様に,プランの構造に基づくプラン認識推論も一般的に適用可能である.プラン認識の対象となる行為主体が持っている行為間の生成・可能化関係の知識に関する情報を持っていれば,上の構造規則を適用することにより,行為主体がその領域に関して持つプランを推測することができる.

プランニング推論の場合と同様に,上記ふたつの場合を統合して,以下のように表す.

- $\mathcal{B}_X(\mathcal{B}_Y(\text{T-GEN}(\langle\cdots,\text{Ach}(q),\cdots\rangle,\text{Ach}(q),C))\wedge\mathcal{B}_YC)$ あるいは，
$\mathcal{B}_X(\mathcal{B}_Y(\text{T-ENA}(\text{Ach}(p),\text{Ach}(q),C)))$ ならば，
$$\mathcal{B}_X\mathcal{P}_Y\{p\}\Rightarrow_r\mathcal{B}_X\mathcal{P}_Y\{p,q\}$$

プラン認識知識規則 共同作業の中でコミュニケーションによって他者と情報を授受しながら，共同で目標の実現を図るときには，知識の有無に関連するプラン認識が必要となる．

- **正知識** Y が p がすでに成り立っているかどうかを知ろうとしているならば，Y は状態 p を実現しようとしているかもしれない．
$$\mathcal{B}_X\mathcal{P}_Y\{\mathcal{K}_Y^{IF}p\}\Rightarrow_r\mathcal{B}_X\mathcal{P}_Y\{\mathcal{K}_Y^{IF}p,p\}$$

例えば，「大阪でオリンピックをやりますか？」という問いは，文字通りには，大阪でオリンピックが開催されるかどうかを知りたいというプランの表明であるが，大阪でオリンピックを開催しようという提案と解釈することもできる．

- **負知識** Y が p がすでに成り立っているかどうかを知ろうとしているならば，Y は状態 $\neg p$ を実現しようとしているかもしれない．
$$\mathcal{B}_X\mathcal{P}_Y\{\mathcal{K}_Y^{IF}p\}\Rightarrow_r\mathcal{B}_X\mathcal{P}_Y\{\mathcal{K}_Y^{IF}p,\neg p\}$$

$\mathcal{K}^{IF}$ の定義から，p かどうか知っていることは，$\neg p$ かどうか知っていることと等価であるため，負の状態を目標として推測することも可能である．「大阪でオリンピックをやりますか？」は開催しないでほしいという意向の表明としても解釈可能である．反対に，「大阪でオリンピックをやりませんか？」という否定表現で開催の肯定的提案を意味することもできる．

- **値知識** Y が対象 a が記述 D を満たしているかどうか知ろうとしているならば，Y は記述 D の指示対象を知ろうとしているかもしれない．
$$\mathcal{B}_X\mathcal{P}_Y\{\mathcal{K}_Y^{IF}D(a)\}\Rightarrow_r\mathcal{B}_X\mathcal{P}_Y\{\mathcal{K}_Y^{IF}D(a),\mathcal{K}_Y^{REF}D\}$$

「東京でオリンピックが開かれたのは 1970 年ですか？」という問いは，東京オリンピックの開催年を尋ねるためにも使うことができる．

- **指示対象知識** Y が記述 D の指示対象を知ろうとしているならば，Y は D の指示対象に対する何らかの行為をプランしているかもしれない．
$$\mathcal{B}_X\mathcal{P}_Y\{\mathcal{K}_Y^{REF}D\}\Rightarrow_r\mathcal{B}_X\mathcal{P}_Y\{\mathcal{K}_Y^{REF}D,p(\texttt{ref}(D))\}$$

新幹線の切符売場で客が「2 時ごろに大阪に着くひかりはどれですか？」と尋ねたとすると，おそらくその客は 2 時頃に大阪に着くひかりの切符を

買おうとしているのだろうと推測できる．この規則は状況から行為が推測可能な場合に適用される．

プラン認識他者規則　行為主体 Y は推論主体 X を目標実現に協力する者として利用するプランを持っているかもしれない．そのようなプランの認識には，プランニングにおける他者規則に対応する規則が必要となる．

- **他者利用の認識**　p の実現を推論主体 X が意図するよう行為主体 Y が仕向けるのは，そもそも行為主体 Y が状態 p を実現するためと推測される．
$$\mathcal{B}_X \mathcal{P}_Y \{\mathcal{P}_X\{p\}\} \Rightarrow_r \mathcal{B}_X \mathcal{P}_Y \{\mathcal{P}_X\{p\}, p\}$$

- **他者説得プランの認識**　p の実現を行為主体 Y が望んでいることを推論主体 X に信じさせるよう Y が仕向けるのは，推論主体 X に状態 p の実現をプランさせるためだと推測する．
$$\mathcal{B}_X \mathcal{P}_Y \{\mathcal{B}_X \mathcal{P}_Y \{p\}\} \Rightarrow_r \mathcal{B}_X \mathcal{P}_Y \{\mathcal{B}_X \mathcal{P}_Y \{p\}, \mathcal{P}_X\{p\}\}$$

- **他者のプランニングの利用の認識**　q を実現するために p が手段になると推論主体 X はプランニング推論すると行為主体 Y が考えていると推測されるならば，Y が X に上位目標 q を実現させようとしているのは，X に下位目標 p を実現させようとしていることでもあると推測することができる．

もし，$\mathcal{B}_X \mathcal{B}_Y(\mathcal{P}_X\{q\} \Rightarrow_c \mathcal{P}_X\{p, q\})$ ならば，
$$\mathcal{B}_X \mathcal{P}_Y \{\mathcal{P}_X\{q\}\} \Rightarrow_r \mathcal{B}_X \mathcal{P}_Y \{\mathcal{P}_X\{q\}, \mathcal{P}_X\{p, q\}\}$$

(e) 対話とプラン推論

4.2 節において，実際の対話では，平叙文は情報提供，疑問文は情報の問い合わせ，命令文は行為の遂行を依頼，という単純な対応関係では説明の付かない場合がたくさんあることを述べた．発話の背後にプランを想定することにより，上の単純な対応関係から外れるさまざまな対話現象に対しても，説明を与えることができる．そのような例をいくつか見てみることにしよう．以下に示す例から，話し手のプランと聞き手によるプラン認識推論という考え方が，対話現象に対して一般的な説明の枠組を提供してくれることが見て取れるだろう．

プラン推論の起点としての発話

話し手のプランと聞き手によるプラン認識推論を前提とすると，話し手の発

話は，情報提供，情報問い合わせ，行為遂行依頼のような機能に直接に対応づけられるのではなく，聞き手によるプラン認識推論のための出発点となる素材を提供するととらえ直すことができる．

聞き手による話し手のプラン認識の出発点となるのは，話し手によることばの発話，すなわち発語行為の観測である．4.3 節に述べたように，発語行為は，さまざまな発語内行為，発語媒介行為を生成する．その過程の引金として，発話に用いられる言語表現のタイプごとに，以下のような行為の生成を想定することができる．

- 平叙文発話 (S, H, p)

  話し手 S が聞き手 H に対して p を内容とする平叙文を発話する．p という情報を聞き手 H に与えるという話し手 S のプランを，話し手と聞き手の共有信念とするという行為が生成される．

  $\text{Ach}(\mathcal{MB}_{\{S,H\}}\mathcal{P}_S\{\mathcal{B}_H p\})$

- 命令文発話 (S, H, p)

  話し手 S が聞き手 H に対して p の実現を内容とする命令文を発話する．p を実現するという S のプランを二人の共有信念とするという行為が生成される．

  $\text{Ach}(\mathcal{MB}_{\{S,H\}}\mathcal{P}_S\{p\})$

- Y/N 疑問文発話 (S, H, p)

  話し手 S が聞き手 H に対して p が成り立つかどうかを尋ねる疑問文を発話する．p が成り立つかどうかを S が知ろうとしているという S のプランを二人の間の共有信念とするという行為が生成される．

  $\text{Ach}(\mathcal{MB}_{\{S,H\}}\mathcal{P}_S\{\mathcal{K}_S^{IF} p\})$

- WH 疑問文発話 (S, H, D)

  話し手 S が聞き手 H に対して記述 D を満たす対象が何かを尋ねる疑問文を発話する．記述 D を満足する対象を S が知ろうとしているという S のプランを二人の間の共有信念とするという行為が生成される．

  $\text{Ach}(\mathcal{MB}_{\{S,H\}}\mathcal{P}_S\{\mathcal{K}_S^{REF} D\})$

話し手 S の発話は話し手 S と聞き手 H との共在状況で行われるので，発話があったという事実は話し手と聞き手の共有信念となる．共有信念は，構成員それぞれの信念を包含している．したがって，上の行為はいずれも聞き手に新

しい信念を作り出す行為でもある．これらの共有信念が聞き手によるプラン認識推論の出発点である．

プラン推論に基づく発話解釈

発話の背後のプランを前提とすると，対話の中で相手の発話を解釈し，応答を返す過程はおおむね以下のように記述することができる．
(1) 目標の存在　発話者は実現すべき何らかの目標を持っていて，そのために対話コミュニケーションを行う．目標は，発話によって明示的に示される場合もあるし，その状況から容易に推測可能なこともある．
(2) 発話の観測　発話者が応答者に向けて発話を行い，応答者がそれを観測する．発話があったことは，発話者と応答者との共有信念となる．
(3) プラン認識　応答者は，観測された発話を元にプラン認識推論によって，発話者のプランを推測する．
(4) プランの障害の探知　推測されたプランから，応答者は目標実現のための障害を探知する．
(5) 応答の生成　探知されたプランの障害に基づいて，応答者は応答を生成する．

協力的応答

はじめに，発話者のプラン認識に基づいて，応答者が要求された以上の情報を返す例を見てみよう．次の例(7)では，発話者 S の発話は，文字通りには，山本さんのオフィスが 112 であるかどうかを尋ねる Yes/No 質問である．しかし，応答者 H は，それに答える（いいえ）にとどまらず，より以上の情報（320 です）を提供している．
(7)　S: 山本さんのオフィスは 112 ですか？
　　　 H: いいえ，320 です．
H によるプラン認識推論は，図 4.5 に示される経路をたどったと考えられる．「山本さんのオフィスが 112 である」という命題を「**オフィス＝112**」と表す．すると，まず，疑問文の発話の観測から，H は S が命題「**オフィス＝112**」が正しいかどうか知りたがっていることを H に伝えようとしていると認識する（$\mathcal{P}_S\{\mathcal{B}_H\mathcal{P}_S\{\mathcal{K}_S^{IF}(\textbf{オフィス}=112)\}\}$）．それから他者説得のプラン認識規

則により，命題「**オフィス＝112**」が正しいかどうかをSが知るという状態をHが実現しようとするようにSは仕向けようとしていると推測される（$\mathcal{P}_S\{\mathcal{P}_H\{\mathcal{K}_S^{IF}(\textbf{オフィス}=112)\}\}$）．さらに，他者利用のプラン認識規則により，Sは「**オフィス＝112**」が正しいかどうかを知りたがっていると推測される（$\mathcal{P}_S\{\mathcal{K}_S^{IF}(\textbf{オフィス}=112)\}$）．$\mathcal{K}_S^{IF}(\textbf{オフィス}=112)$ はS単独では実現できないので，これはSのプランの障害である．この段階でプランの障害に対処すれば，Yes/No疑問に対する答え「いいえ」という応答を返すことになる．

$$\text{Y/N 疑問文発話}(S, H, \textbf{オフィス}=112)$$
$$\Downarrow \text{発語行為}$$
$$\mathcal{P}_S\{\mathcal{B}_H \mathcal{P}_S\{\mathcal{K}_S^{IF}(\textbf{オフィス}=112)\}\}$$
$$\Downarrow \text{他者説得}$$
$$\mathcal{P}_S\{\mathcal{P}_H\{\mathcal{K}_S^{IF}(\textbf{オフィス}=112)\}\}$$
$$\Downarrow \text{他者利用}$$
$$\mathcal{P}_S\{\mathcal{K}_S^{IF}(\textbf{オフィス}=112)\} \quad \Longleftarrow \text{プラン障害}$$
$$\Downarrow \text{値知識}$$
$$\mathcal{P}_S\{\mathcal{K}_S^{REF}(\textbf{オフィス})\} \quad \Longleftarrow \text{プラン障害}$$

オフィス＝112:「山本さんのオフィスが112である」という命題
オフィス:「山本さんのオフィス」という記述

図 4.5　協力的応答におけるプラン認識推論

一方，さらにプラン認識推論を進めて，値知識のプラン認識規則を適用すると，Sは山本さんのオフィスの番号の情報を求めているという，より上位の目標を推測することができる（$\mathcal{P}_S\{\mathcal{K}_S^{REF}(\textbf{オフィス})\}$）．ここで，**オフィス** は「山本さんのオフィス」という記述である．この知識もS単独では実現できないプランの障害となる．そして，この段階でプランの障害に対処することにより，協力的な応答「320です」が産み出される．

間接言語行為

次の例(8)では，Sの発話は，文字通りには，Hが現在時刻を知っているかどうかを尋ねる Yes/No 質問である．しかし，実際には「現在時刻を教えてください」という依頼の発話と同じ機能を果している．このような間接言語行為発話の働きもプラン推論の考えを利用することによってとらえることが可能と

なる．
(8)　S: 今何時か分かりますか？
　　　H: 2:30 です．

H によるプラン認識推論の経路を図 4.6 に示す．**現在時刻** は，「現在の時刻」という記述を表す．前例と同様に，Y/N 疑問文発話を出発点としてプラン認識推論が開始される．他者説得，他者利用のプラン認識規則適用によって得られた S の推測プラン $\mathcal{P}_S\{\mathcal{K}_S^{IF}\mathcal{K}_H^{REF}$ 現在時刻$\}$ から，さらに正知識のプラン認識規則によって，現在時刻を H が知っているという状態を実現するというプランが推測される ($\mathcal{P}_S\{\mathcal{K}_H^{REF}$ 現在時刻$\}$)．現在時刻を知っていれば，それを相手に教えることができる．すなわち，現在時刻を知るという行為はその知識を通じて WH 返答発話を可能化する．

　　T–ENA(Ach($\mathcal{K}_H^{REF}$ 現在時刻), WH 返答発話 (H, S, 現在時刻), $\mathcal{K}_H^{REF}$ 現在時刻)

したがって，可能化のプラン認識構造規則によって，H による WH 返答発話の遂行へとプラン認識推論は進められる ($\mathcal{P}_S[\text{WH 返答発話}$ (H, S, 現在時刻)$]$)．さらに，H による WH 返答発話は，行為の生成関係を通じて，相手 S に現在時刻の情報を与えるという効果をもたらす．

　　T–GEN(WH 返答発話 (H, S, 現在時刻), Ach($\mathcal{K}_S^{REF}$ 現在時刻), C)

$$\text{Y/N 疑問文発話}(S, H, \mathcal{K}_H^{REF} \text{現在時刻})$$
$$\Downarrow \text{発語行為}$$
$$\mathcal{P}_S\{\mathcal{B}_H \mathcal{P}_S\{\mathcal{K}_S^{IF} \mathcal{K}_H^{REF} \text{現在時刻}\}\}$$
$$\Downarrow \text{他者説得，他者利用}$$
$$\mathcal{P}_S\{\mathcal{K}_S^{IF} \mathcal{K}_H^{REF} \text{現在時刻}\}$$
$$\Downarrow \text{正知識}$$
$$\mathcal{P}_S\{\mathcal{K}_H^{REF} \text{現在時刻}\}$$
$$\Downarrow \text{構造規則(可能化)}$$
$$\mathcal{P}_S[\text{WH 返答発話 } (H, S, \text{現在時刻})]$$
$$\Downarrow \text{構造規則(生成)}$$
$$\mathcal{P}_S\{\mathcal{K}_S^{REF} \text{現在時刻}\} \qquad \Longleftarrow \text{プラン障害}$$

現在時刻:「現在の時刻」という記述

図 4.6　間接言語行為におけるプラン認識推論の例

この生成関係を利用して，プラン認識推論はSが現在時刻を知るというプランへと行き着く（$\mathcal{P}_S \mathcal{K}_S^{REF}$ 現在時刻）．これは，「現在時刻を教えてください」という直接的な依頼発話からプラン認識推論によって得られるプランと同等である．このようにして，間接的な依頼が認識される．

他者のプランニングの利用

他者を利用して目標を達成する場面では，しばしば，他者のプランニング能力を前提としたプランを作ることがある．プラン認識推論の側でもそのようにして作られたプランを認識する必要がある．以下の(9)は，そのような対話の例である．

(9) S: この部屋は暑いですね．
　　 H: それでは窓を開けましょう．

発話者Sの方が，応答者Hより社会的地位が高いなど一定の条件の下では，「部屋が暑い」という事情を伝える平叙文発話は「窓を開けてください」という間接的依頼として機能する．このときSは，応答者Hが，部屋を暑くない状態にするためには窓を開けるというプランを考えるということを前提としている．したがって，Hもプランニング能力を前提とした発話としてプラン推論を行う必要がある．

Hによるプラン認識推論の経路を図4.7に示す．平叙文発話によって引き起

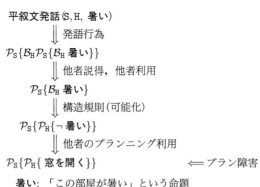

図4.7 他者のプランニングを利用したプラン認識推論

こされる標準的な推論は，まず聞き手に **暑い** という命題を信じさせるという S のプランに行き着く．一方，**暑い** という情報を持つことは **暑くない** という状態をもたらす意図を作り出すことが可能である．

$$\text{T-ENA}(\text{Ach}(\mathcal{B}_\text{H}\text{暑い}), \text{Ach}(\mathcal{P}_\text{H}\neg\text{暑い}), \mathcal{B}_\text{H}\text{暑い})$$

したがって，可能化の構造規則によって，H に **暑くない** 状況を実現するプランを持たせるという S のプランが推測される．

ここで，**暑くない** という上位目標の実現には **窓を開く** という下位目標の実現が手段となるというプランニング推論の規則が S と H の間の共通了解だとしよう．

$$\mathcal{MB}_{\{S,H\}}\mathcal{P}_\text{H}\{\neg\text{暑い}\} \Rightarrow_c \mathcal{P}_\text{H}\{\text{窓を開く}, \neg\text{暑い}\}$$

すると，他者のプランニング利用の認識規則によって，上位目標 **暑くない** 実現のプランを持たせるというプランは，さらに，下位目標 **窓を開く** 実現のプランを持たせるプランでもあると推測することができる．

$$\mathcal{B}_\text{H}\mathcal{P}_\text{S}\{\mathcal{P}_\text{H}\{\neg\text{暑い}\}\} \Rightarrow_r \mathcal{B}_\text{H}\mathcal{P}_\text{S}\{\mathcal{P}_\text{H}\{\neg\text{暑い}\}, \mathcal{P}_\text{H}\{\text{窓を開く}, \neg\text{暑い}\}\}$$

上位の目標を伝えることによって，下位目標の実現を依頼するという方策はしばしば見られる．それらはすべて，相手のプランニング能力を利用していると考えられる．

プランの誤り

目標を実現するためのプランがいつも正しいとは限らない．考え違いや知識の不足によって気が付かないまま欠陥のあるプランに基づいて行動をしていることがしばしばある．プラン認識推論の結果得られた相手のプランがそのような欠陥を含んでいると判断される場合には，その欠陥を指摘する必要がある．

(10)　S: 鈴木さんに会いたいのですが，オフィスはどこですか？
　　　 H: 鈴木は今日は出かけていて不在です．

上の例(10)では，発話者 S は，鈴木さんに会うために鈴木さんのオフィスに行く，そのためにまず鈴木さんのオフィスを知るというプランの下に H に対する質問を発している．このプランは，鈴木さんがオフィスに居るということを暗黙のうちに前提としている．ところが，もし鈴木さんが不在でオフィスに居ないならば，オフィスに行っても鈴木さんに会うことはできない．その場合には S のプランは欠陥を含んでいることになる．H はこの欠陥に気付いたため，

それを指摘する応答を返している．もし，ここで S のプランの欠陥に気付きながら，「オフィスはどこですか」という WH 疑問文発話に文字通りに応答して H が「112 です」と答えたとしたら，非常に不親切な応答になってしまうだろう．

H によるプラン認識推論の経路を図 4.8 に示す．プラン認識推論によらなければプランの欠陥を探知することができない点に注意してほしい．プラン認識推論の能力がなければ，たとえ「鈴木さんはオフィスにいない」という事実を知っていたとしても，それを協力的な応答に結びつけることはできない．

発話の背後に目標を達成するためのプランを想定し，プランニングとプラン認識というプラン推論を取り入れることにより，文の形式と機能とに直接的対応関係を設定する質問応答システムの手法の範囲を越えて，多様な対話現象に説明を与えることができることを，例を用いながら述べてきた．

対話現象にプランニングの概念を最初に適用したのは P. R. Cohen である (Cohen & Perrault 1979)．Cohen は STRIPS アーキテクチャを用いた言語行為の計算モデルを提案した．その後，J. Allen は発見的プラン認識規則を利用して間接言語行為を含む計算モデルを提示している (Allen & Perrault 1980)．さらに，D. E. Appelt は指示表現の生成と指示対象の同定にプラン推論を応用した (Appelt 1985)．D. Litman は，対象領域におけるプランと談話領域におけるプランを分離し，より精密な対話のプランニングモデルを提案している

$$
\begin{array}{c}
\text{WH 疑問文発話 (S, H, オフィス)} \\
\Downarrow \text{発語行為} \\
\mathcal{P}_S\{\mathcal{B}_H \mathcal{P}_S\{\mathcal{K}_S^{REF} \text{ オフィス}\}\} \\
\Downarrow \text{他者説得，他者利用} \\
\mathcal{P}_S\{\mathcal{K}_S^{REF} \text{ オフィス}\} \\
\Downarrow \text{指示対象知識} \\
\mathcal{P}_S[\text{行く}(\mathbf{ref}(\text{オフィス}))] \\
居る(鈴木, \mathbf{ref}(\text{オフィス})) \Longrightarrow \qquad \Downarrow \text{構造（生成）} \\
\text{不成立} \\
\mathcal{P}_S[\text{会う}]
\end{array}
$$

オフィス：「鈴木さんのオフィス」という記述
行く(ref(オフィス))：「鈴木さんのオフィスへ行く」という行為
会う：「鈴木さんに会う」という行為
居る(鈴木, ref(オフィス))：「鈴木さんがオフィスにいる」という条件

図 4.8　プラン認識推論によるプランの誤りの発見の例

(Litman & Allen 1987)．プランは従来，個人のものと想定されてきたが，対話の共同行為としての側面に着目すると，プランを対話参加者に共有されるものととらえなおすこともできる．Grosz & Sidner は，対話参加者の間の共有プラン(shared plan)の概念を提案し，対話を対話参加者が共同で共有プランを構築する過程ととらえるモデルを提唱している (Grosz & Sidner 1990)．

プランニングモデルは，外界に関する知識と達成すべき目標とに基づいて行動する合理的エージェントの概念と密接に結び付いており，目標達成型の対話には一般的に適用可能な強力なモデルである．しかし，プランニングモデルはあくまで対話現象をとらえる枠組を提供するものであり，具体的な対話現象に適用するためには，どのような行為によって何が実現されるか，行為の実行にはどのような条件が前提とされるかという，行為の生成・可能化に関する領域知識が不可欠である．

4.5 対話の計算モデルの今後の方向

プランニングモデルは対話現象の合理的側面について計算モデルを提供してくれる．しかし，対話インタラクションには合理性だけではとらえられないさまざまな現象が含まれている．発話者が複数いるにもかかわらず，けんかのように興奮した状況を除けば，たいていいつでも話しているのは誰かひとりだけである．どのようなタイミングで，だれが発話するかはどのようにして決まっているのだろうか．なぜ人々は話しを聞きながらあいづちを打つのだろうか．どのような法則に支配されているのだろうか．このように合理性の枠に収まらない対話現象を整理する手がかりとして以下の三つの観点が上げられる．

対話の制御 対話の流れの制御には秩序だった規則性が認められる．重なり発話を起こさないよう会話の番交替は秩序だって制御される．また，会議の議長のような整理役がいなくても話題の遷移は参加者の間で分散制御されている．さらに微細レベルを見てみると，自然な対話には，ひとりが言いかけたことを相手が引き取って文を完結させる現象が頻繁に見られる．交話・共同発話などと呼ばれるこのような現象も対話の流れの制御メカニズムを知る手がかりとなるだろう．

対話の共同性 あいづち，言い直し，問い返しは対話に特有の現象である．

対話参加者が共同して，情報の正確な共有を実現しようとする過程でこれらの現象が生起する．H. H. Clark は，このような対話現象をとらえる概念として，**会話への寄与**(contribution)という概念を提案している (Clark & Schaefer 1989)．対話におけるやり取りは，情報の**提示**(presentation)とその**受容**(acceptance)とからなる寄与の積み重ねとしてとらえられる．また，D. R. Traum は，あいづち，言い直し，問い返しなどを，情報共有のために対話の中で行われる，**基盤化行為**(grounding act) としてとらえることを提案している (Traum 1994)．

マルチモーダルインタラクション 現実の対話では，言語情報だけでなく，音声韻律，ジェスチャ，視線，表情，姿勢など多様なモダリティの情報が交換されている．これら準言語的あるいは非言語的情報は，言語によって伝えられる情報を補強，補完するばかりでなく，ときには覆すことさえもある．上に述べた対話の制御や対話の共同性の現象も，多くはこのような多様な情報の交換によって実現されている．対話現象の包括的な理解にはマルチモーダルインタラクションの理解が不可欠である．

合理性の側面に限定されず，このような対話の多様な側面に対しても計算論的アプローチからの研究が開始されている．対話に対する計算論的アプローチを通じて，人間の対話現象に対する科学的理解のいっそうの進展と，自然な対話インタラクションに基づく人間・機械インタフェースを目指した技術の展開が期待される．

第 4 章のまとめ

4.1 対話の計算論的モデルは，コンピュータで実現することを前提に，明示的かつ厳密に対話現象をとらえることを目標としている．対話現象は，表に現れる言語表現のみでは完結せず，対話参加者の信念・意図など表に現れない要因の関与する複雑な現象であるため，計算理論・アルゴリズム・実装を分離して計算論的モデルを構築することが重要である．

4.2 1970 年代の人工知能研究の中で作られた質問応答システムは，言語の構文・意味構造をモデル化し，人間とコンピュータの間の簡単な対話を実現することに成功した．しかし，発話の背後の意図まで考慮していなかったため，人間同士の対話に見られる協力的な応答を実現することはできなかった．

4.3 対話コミュニケーションは，伝達意図に基づく言語行為の遂行によって構成されている．さらに，言語行為の目標は単なる情報の伝達ではなく，話し手と聞き手の間の共有信念の実現である．

4.4 対話のプランニングモデルは，信念，知識，意図など対話参加者の心的状態，および行為とその背後のプランの対話モデルにしたがって，対話を，目標を実現するためにプランに基づいて発話を行う話し手と，発話の観察に基づいてプラン認識推論を行う聞き手によってとらえる．対話のプランニングモデルは，対話現象の持つ合理的な側面に関して幅広く説明を与えることができる．特に，発話の文字通りの意味を越えて協力的な応答が行われる対話現象をうまくとらえることができる．

4.5 プランニングモデルは強力であるが，対話現象のすべてを網羅するわけではない．対話には，合理性以外に，対話の制御，対話の共同性，マルチモーダルインタラクションなど多様な側面がある．それらに対しても計算論的モデルの開発が進められている．

用 語 解 説

本文中で十分説明できなかった用語について解説し，本文の該当箇所に†を付けた．

テンス・アスペクト形式(tense-aspect forms)　日本語の「タ」形,「テイル・テイタ」形や英語の現在形，過去形，未来形，現在完了形，現在進行形などのように，どの言語にも，文が表している内容と発話の時点やほかのなんらかの基準時点との時間的な関係をはっきりさせたり，文が表している動作や状態が進行・継続中であるのか完了しているのかを明示したりするための形式が存在している．動詞の形の変化で表す言語が大多数であり，ヨーロッパの諸言語のように動詞それ自体が変化する(**活用** conjugation という)言語もあれば，日本語や韓国(朝鮮)語のように補助的な形を動詞につけ加えて表す言語もある．このような形を総称してテンス・アスペクト形式と呼ぶ．

　テンス(時制)は，文の内容と発話時との時間関係そのものであり，発話時を現在として，それ以前を過去，以後を未来とする「過去–現在–未来」というシステムが基本となる．これに対して，**アスペクト**(相)とは，完了アスペクトや進行アスペクトに代表されるように，発話時との時間関係ではなく，文の表している動作や状態を話し手がどのように捉えているか(進行・継続中のものとして捉えるか，すでに完了してしまったものとして捉えるか，など)を示すものである．例えば，英語の現在形，現在完了形，現在進行形，さらには現在完了進行形は，いずれもテンスとしては現在に属しているが，アスペクトがそれぞれに異なっているのである．

　個々の言語の中でのテンス・アスペクト形式の全体像(これを**テンス・アスペクト体系** tense-aspect system と呼ぶ)を提示して，それを簡潔な原理から説明することや，異なった言語の間でテンス・アスペクト体系を比較して，類似点・相違点が生じてくるメカニズムを解明することは，意味論の中でもたいへん重要な一分野をなしている．

　なお，テンス・アスペクト形式全体のことを単に「動詞の時制」と言う場合も(特に学校文法などで)見受けられるが，厳密に言えば「時制」とはテンスのことであり，完了や進行までをも含めた全体の体系を表すためには，「時制」と言わずに「テンス・アスペクト形式(体系)」という表現を使った方がよい．

量化子(quantifier)　日常の表現で使われる「すべての(all)」や「ある(some)」といった概念を厳密に表示するために，論理学では，例えば「女性はみんな頭がいい」と「頭がいい女性がいる」とは，それぞれ，次のように表される．

a. $\forall x(x: \text{woman})\text{intelligent}(x)$
b. $\exists x(x: \text{woman})\text{intelligent}(x)$

a に現れている $\forall$ を**全称量化子**または**普遍量化子**(universal quantifier)，b に現れている $\exists$ を**存在量化子**(existential quantifier)という．$(x: \text{woman})$ の部分は，変数 x が動きうる領域を女性全体の集合に限定する，ということを表しており，このような限定を受けている a や b のような形を，**制限付き量化**(restricted quantification)と呼ぶ．自然言語の意味論のためには，制限付き量化を用いる方が，量化を含んだ名詞句との対応関係がとらえやすくなり，好都合である．例えば英語の場合，"Every woman is intelligent." や "Some women are intelligent." という文において，"every" と "some" が量化子そのもので，名詞の woman(women) が制限付き量化の制限部分を提供しており，残りの述語の部分が論理式でも同様に述語に相当する，と考えることにより，自然言語の表現をストレートに論理表現(厳密に言えば，1 階述語論理の表現)に対応づけることができる．

さらに，現在の形式意味論では，冠詞，数量表現や「ほとんど」(most)といった表現の意味も，量化の考え方を拡張していくことにより説明できると考えており，このことを実際に明示的に説明する理論が**一般化量化子理論**(generalized quantifier theory)と呼ばれる理論である．

読書案内

第1章

[1] Grice, H. P. (1989): *Studies in the Way of Words*. Harvard University Press. 清塚邦彦(訳),『論理と会話』勁草書房, 1998.

Griceの没後出版されたGriceの自選論文集.本書の前半には,GriceがHarvard大学におけるWillam James記念講演として行なった講義 "Logic and conversation" が収められている.また,後半には,Griceの会話の理論と深い関係のあるGriceの言語哲学関係の論文が収録されている.これらはほとんど未公刊のものばかりであり,貴重である.

[2] Blakemore, D. (1992): *Understanding Utterances*. Blackwell. 武内道子・山崎英一(訳),『ひとは発話をどう理解するか』ひつじ書房, 1994.

関連性理論のすぐれた入門書であるとはいえ,この理論の要点がかなりのレベルまで,丁寧に説明されている.

[3] Fodor, J. A. (1983): *The Modularity of Mind*. MIT Press. 伊藤笏彦・信原幸弘(訳),『精神のモジュール形式』産業図書, 1985.

関連性理論が前提にしている,人間精神のモジュール性について論じた名著.

[4] Sperber, D. & Wilson, D. (1986): *Relevance : Communication and Cognition*, (2nd ed., 1995) Blackwell. 内田聖二・中達俊明・宋南先・田中圭子(訳),『関連性理論:伝達と認知』研究社出版, 1993.

関連性理論のバイブルとでも言うべき必読書.関連性理論の基本的な考えが詳細に述べられており,この理論が単に言語学だけでなく,深いところで,現代の言語哲学,認知心理学,記号学とつながっていることが分かる.1995年の改訂版には長い後書きが付されており,1986年以降のこの理論の展開の要点が述べられている.

[5] Blakemore, D. (1987): *Semantic Constraints on Relevance*. Blackwell.

関連性理論の立場から手続き的意味を担う表現の意味に注目した名著.意味論と語用論の接点に関する微妙な問題を扱っている.

[6] Carston, R. (1988): Implicature, Explicature and Truth-Theoretic Semantics. In Kempson, R. (ed.), *Mental Representation: the Interface between Language and Reality*, Cambridge University Press.

Griceによって会話の含意とみなされた現象のある部分が,実は会話の含意ではなく,文の表意として再構成されるということを関連性理論の立場から論じた有名な論文.

真理条件的意味論に内在する本質的な限界を指摘している．

[7] 西山佑司(1992)：発話解釈と認知——関連性理論について．安西祐一郎他(編)『認知科学ハンドブック』共立出版．
関連性理論についての日本語による簡潔な解説．

第2章

[1] Chierchia, G.(1995)： *Dynamics of Meaning.* University of Chicago Press.
動的意味論と E–タイプ・アプローチによって，談話の意味論の構築を目指している．たいへん明快に書かれており，前半部は，形式意味論の最近の展開を知るための概説書としても適している．

[2] Kamp, H. & Reyle, U.(1993)： *From Discourse to Logic.* Kluwer.
談話表示理論を包括的に展開している．説明は丁寧であり，分かりやすい．特に，テンス・アスペクト形式の意味論を扱っている部分は，非常に有益である．

[3] Heim, I.(1982)： *The Semantics of Definite and Indefinite Noun Phrases.* Ph. D. dissertation, University of Massachusetts. Also, Garland, 1988.
談話表示理論と本質的に同じ理論である「ファイル・チェンジ意味論」を，談話表示理論とは独立に展開した博士論文である．執筆当時の生成文法における統語論を全面的に取り入れて，論理形式(LF)から意味論への写像のやり方を明示的に提案した名著であり，出版からかなりの時日を経た今日においても，いささかも価値を失っていない．

[4] Heim, I. & Kratzer, A.(1998)： *Semantics in Generative Grammar.* Blackwell.
形式意味論の教科書として，現在のところ最も推薦に値する1冊である．本章で扱った E–タイプ・アプローチについても一つの章を当てている．

[5] Parsons, T.(1990)： *Events in the Semantics of English.* MIT Press.
イベント意味論の立場から英語の意味論を包括的に展開している．全体の半分以上が，テンス・アスペクト形式の意味論に当てられている．本書は，形式化において複雑な論理式などを用いず，簡潔で分かりやすい表示で一貫させているため，イベント意味論の入門書として好適である．

[6] Fauconnier, G.(1994)： *Mental Spaces: Aspects of Meaning Construction in Natural Language,* 2nd ed. Cambridge University Press. 坂原茂他(訳)，『メンタル・スペース』白水社，1996(新版に対応)．
メンタル・スペース理論の基本的な枠組みが展開されている基本文献である．さらに，メンタル・スペース理論に基づく，指示，コピュラ文，条件文などの具体的な分析が提示されている．

[7]　Fauconnier, G.(1997)： *Mappings in Thought and Language.* Cambridge University Press. 坂原茂他(訳),『思考と言語におけるマッピング』岩波書店, 2000.
Mental Spaces 以降の G. Fauconnier の研究成果がまとめられている．メンタル・スペース理論の最近の展開を知ることができる．

[8]　Fauconnier, G. & Sweetser, E.(eds.)(1996)： *Spaces, Worlds, and Grammar.* University of Chicago Press.
G. Fauconnier の反事実的条件文についての論文, E. Sweetser のメンタル・スペース理論による条件文の分析, 坂原茂のコピュラ文についての論文などが収録された, たいへん興味深い論文集である．メンタル・スペース理論に立脚する論文も多く, メンタル・スペース理論と認知言語学との間での研究交流の展開を知るのに最適の1冊である．

[9]　月刊言語, **25(1)**, 特集「対話の科学－相互理解のメカニズムを探る」(1996)：大修館書店．
談話管理理論をはじめとして, 対話についての様々な立場からの研究成果が紹介されている．

第3章

[1]　Brown, G. & Yule, G.(1983)： *Discourse Analysis.* Cambridge University Press.
談話分析に関する包括的な入門書．談話における言語の機能, 文脈の果たす役割, 新情報, 旧情報といった情報構造の役割, 結束性, 整合性などに関する全般的な概説が得られて, 非常に便利である．

[2]　Fox, B.(1987)： *Discourse Structure and Anaphora.* Cambridge University Press.
名詞や代名詞の文脈照応用法を中心とした談話構造の研究書．話し言葉, 書き言葉の両方が分析されている．結束性, 整合性に関する具体的な適用が読みやすく書かれており, 概説書として読むことができる．

[3]　Halliday, M. A. K. & Hassan, R(1976)： *Cohesion in English.* Longman.
代用表現, 指示表現を中心とした結束性についての包括的かつ理論的な解説書．

[4]　久野暲(1978)：『談話の文法』大修館書店．
共感度(エンパシー), 視点, 情報の重要度を中心にした談話則と統語的な制約との関係を解説してある．本文では詳しく扱われなかったが, 談話研究には重要な文献であり, 本章の内容と相補的な役目を果たす．

[5]　長尾真編(1996)：『自然言語処理』岩波講座ソフトウェア科学15, 岩波書店．
第7～10章が談話, 対話の解説となっている．本章の概念の日本語での具体的な適用例が見られる．本章とは用語が異なるので注意する必要がある．本章での整合性

(coherence)は「結束性」，結束性(cohesion)は「結束構造」と訳されている．

[6] 阿部純一他(1994)：『人間の言語情報処理——言語理解の認知科学』サイエンス社．
おもに認知心理学的観点から書かれた人間の言語処理に関する概説書．第9章，第10章が直接，本章と関連しており，理論の紹介とともに日本語の例を使ってかなり詳しい結束性と整合性の解説がなされている．この本では，結束性(cohesion)，連接関係(coherence relation)という訳語が使われている．

[7] Michael I. Posner (ed.) (1989)： *Foundations of Cognitive Science.* MIT Press. 原田康也他(訳)，『言語への認知的接近』認知科学の基礎2，産業図書，1991．
本書は認知科学全般にわたる概観的・網羅的な解説書である．その中で，第11章には談話(discourse)に関する計算モデルの解説が収められている．談話に整合性，結束性を与える局所的文脈，談話構造の計算モデルに関するさまざまな研究について手際よく解説がなされている．原書は4巻に分けて翻訳されており，第2巻の第3章が該当する．

[8] Marilyn A. Walker, Aravind K. Joshi & Ellen F. Prince (1998)： *Centering Theory in Discourse.* Oxford University Press.
談話の整合性，結束性を生み出す局所的文脈に関する有力な説明理論のひとつである中心化理論(centering theory)の代表的な論文を集めた論文集である．

第4章

[1] Winston, P. H. (1992)： *Artificial Intelligence.* Addison Wesley.
質問応答システムに関する研究が，人工知能研究全体の流れの中で平易に解説されている．

[2] Brady, M. et al. (eds.) (1983)： *Computational Models of Discourse.* MIT Press.
質問応答システム以降の自然言語処理の分野で，1980年代前半の対話・談話研究における代表的な論文を集めている．Allenのプラン認識による対話理解の論文が収められている．

[3] 田中穂積，辻井潤一(編)(1988)：『自然言語理解』オーム社．
自然言語処理の技法について，文法理論，構文解析から談話・対話まで簡潔に記述されており，分かりやすい解説書である．

[4] Allen, J. (1995)： *Natural Language Understanding.* Benjamin Cummings.
対話処理を含む自然言語処理の各部門について体系的に詳述されている．自然言語処理の標準的手法について体系的な知識を得たい場合には最適である．

[5] Cohen, P. R. et al. (eds.) (1989)： *Intentions in Communication.* MIT Press.
対話コミュニケーションにおける意図の問題を計算論的モデルの観点から取り上げた論

文集である．Bratman, Searle らによる意図に関する哲学的考察，Cohen & Levesque らによる意図や言語行為の論理モデル，Grosz, Pollack らによる対話におけるプランのモデルなどが収められている．対話の合理的側面をとらえる計算論的モデルに関する研究を知るのに最適である．

[6]　Clark, H. H. (1996): *Using Language*. Cambridge University Press.
会話への寄与，基盤化行為など，合理性の観点を越え，対話の持つ共同性に起因する現象の分析，モデル化について平易に記述している．

[7]　石崎雅人，伝康晴(2001):『談話と対話』東京大学出版会．
対話と談話の双方について計算論的手法の研究の展開に沿って丁寧に紹介した解説書である．

参考文献

第1章

Behavioral and Brain Sciences, **10(4)** (1987): (it contains 26 short review of relevance, together with a reply by Sperber & Wilson.)

Blakemore, D. (1987): *Semantic Constraints on Relevance*. Blackwell.

Blakemore, D. (1988): *So* as a constraint on relevance. In Kempson, R. (ed.), *Mental Representation: the Interface between Language and Reality*. Cambridge University Press.

Blakemore, D. (1992): *Understanding Utterances*. Blackwell. 武内道子・山崎英一（共訳），『ひとは発話をどう理解するか』ひつじ書房, 1994.

Blakemore, D. (1995): Relevance thoery. In Verschueren, J. et. al. (eds.), *Handbook of Pragmatics Manual*, John Benjamins.

Carston, R. (1988): Implicature, explicature and truth-theoretic semantics. In Kempson, R. (ed.), *Mental Representation: the Interface between Language and Reality*. Cambridge University Press.

Carston, R. (1993): Conjunction, explanation and relevance. *Lingua*, **90(1/2)**, 27–48.

Chomsky, N. (1975): *Reflections on Language*. Pantheon.

Fodor, J. A. (1983): *The Modularity of Mind*. MIT Press. 伊藤笏彦・信原幸弘訳（共訳），『精神のモジュール形式』産業図書, 1985.

Gazdar, G. (1979): *Pragmatics: Implicature, Presupposition and Logical Form*. Academic Press.

Grice, H. P. (1967): *Logic and Conversation*. William James Lectures, reprinted in Grice 1989, 1–143.

Grice, H. P. (1975): Logic and conversation. In Cole, P. & Morgan, J. (eds.), *Syntax and Semantics* 3: *Speech Acts*. Academic Press.

Grice, H. P. (1989): *Studies in the Way of Words*. Harvard University Press. 清塚邦彦（訳），『論理と会話』勁草書房, 1998.

Keenan, E. O. (1976): The universality of conversational implicature. *Language in Society*, **5**, 67–80.

Kempson, R. (1975): *Presupposition and the Delimitation of Semantics*. Cambridge University Press.

Leech, G. (1983): *Principles of Pragmatics.* Longman. 池上嘉彦・河上誓作(共訳),『語用論』紀伊國屋書店, 1987.

Matsui, T. (1992): Bridging reference and the Notions of 'Topic' and 'Focus'. *UCL Working Papers in Linguistics*, **4**, 239–258.

Morgan, J. & Green, G. (1987): On the search for relevance. *Behavioral and Brain Sciences*, **10(4)**, pp. 726-727.

西山佑司(1983):語用理論における関連性.『慶應義塾大学言語文化研究所紀要』, 16号, pp. 162–183.

西山佑司(1992):発話解釈と認知:関連性理論について.安西祐一郎他(編),『認知科学ハンドブック』,共立出版.

西山佑司(1993):コンテクスト効果と関連性——関連性理論の問題点.『英語青年』, 8月, 222–224.

Smith, N. (ed.) (1982): *Mutual Knowledge.* Academic Press.

Sperber, D. & Wilson, D. (1981): Irony and the use-mention distinction. In Cole, P. (ed.), *Radical Pragmatics.* pp. 295–318, Academic Press.

Sperber, D. & Wilson, D. (1985/6): Loose talk. *Proceedings of the Aristotelian Society* **LVVVVI**, 153–171.

Sperber, D. & Wilson, D. (1986): *Relevance : Communication and Cognition.* (2nd ed., 1995) Blackwell, 内田聖二・中達俊明・宋南先・田中圭子(共訳),『関連性理論:伝達と認知』研究社出版, 1993.

Wilson, D. (1975): *Presuppositions and Non-Truth-Conditional Semantics.* Academic Press.

Wilson, D. (1992): Reference and relevance. *UCL Working Papers in Linguistics*, **4**, 165–191.

Wilson, D. (1994): Relevance and understanding. In Brown, G. et al. (eds.), *Language and Understanding*, Oxford University Press.

Wilson, D. & Sperber, D. (1981): On Grice's theory of conversation. In Werth, P. (ed.), *Conversation and Discourse.* Croom Helm.

Wilson, D. & Sperber, D. (1986a): Inference and implicature. In Travis, C. (ed.), *Meaning and Interpretation*, Blackwell.

Wilson, D. & Sperber, D. (1986b): Pragmatics and modularity. In *Chicago Linguistic Society Parasession on Pragmatics and Grammatical Theory.*

Wilson, D. & Sperber, D. (1986c): An outline of relevance theory. In Alves, H. O. (ed.), *Encontro de Linguistas: Acta.* pp. 19–42, Universidade do Minho.Minho.

Wilson, D. & Sperber D. (1988): Representation and relevance. In Kempson, R. (ed.), *Mental Representation: the Interface between Language and Reality*. Cambridge University Press.

Wilson, D. & Sperber D. (1992): On verbal irony. *Lingua*, **87(1/2)**, 53–76.

Wilson, D. & Sperber D. (1993): Linguistic form and relevance. *Lingua*, **90(1/2)**, 1–25.

第2章

Chierchia, G. (1995): *Dynamics of Meaning*. University of Chicago Press.

Cutrer, M. (1994): *Time and Tense in Narratives and Everyday Language*. Ph. D. dissertation. University of California.

Evans, G. (1980): Pronouns. *Linguistic Inquiry*, **11**, 337–362, MIT Press.

Evans, G. (1982): *The Varieties of Reference*. Oxford University Press.

Fauconnier, G. (1994): *Mental Spaces: Aspects of Meaning Construction in Natural Language*, 2nd ed. Cambridge University Press. 坂原茂他(訳), 『メンタル・スペース』白水社, 1996(新版に対応).

Fauconnier, G. (1997): *Mappings in Thought and Language*. Cambridge University Press.

Fauconnier, G. & Sweetser, E. (eds.) (1996): *Spaces, Worlds, and Grammar*. University of Chicago Press.

Heim, I. (1982): *The Semantics of Definite and Indefinite Noun Phrases*. Ph. D. dissertation, University of Massachusetts. Also, Garland, 1988.

Heim, I. (1990): E-type pronouns and donkey anaphora. *Linguistics and Philosophy*, **13(2)**, 137–178, Kluwer.

Kamp, H. (1981): A theory of truth and discourse representation. In Groenendijk, J. A. G. et al. (eds.), *Truth, Representation and Information*, pp. 277–322, Foris.

Kamp, H. & Reyle, U. (1993): *From Discourse to Logic*. Kluwer.

Kamp, H. & Rohrer, C. (1983): Tense in texts. In Baüerle, R. et al. (eds.), *Meaning, Use and Interpretation of Language*, pp. 250–269, De Gruyter.

Kanazawa, W. (1994): Weak vs. strong readings of donkey sentences and monotonicity inference in a dynamic setting. *Linguistics and Philosophy*, **17(2)**, 109–158, Kluwer.

金水敏・田窪行則(1990): 談話管理理論からみた日本語の指示詞. 『認知科学の発展3』, pp. 85–115, 講談社.

久野暲(1973): 『日本文法研究』大修館書店.

Lappin, S. & Francez, N. (1994): E-type pronouns, I-sums, and donkey anaphora. *Linguistics and Philosophy*, **17(4)**, 391–428, Kluwer.
益岡隆志(1991):『モダリティの文法』くろしお出版.
Neale, S. (1990): *Descriptions*. MIT Press.
Nunberg, G. (1978): *Pragmatics of Reference*. Indiana University Linguistics Club.
Partee, B. (1984): Nominal and temporal anaphora. *Linguistics and Philosophy*, **7**, 243–286.
坂原茂(1985):『日常言語の推論』東京大学出版会.
田窪行則(1990):対話における知識管理について——対話モデルからみた日本語の特性. 『東アジアの諸言語と一般言語学』, pp. 837–845, 三省堂.
田窪行則・金水敏(1996a):対話と共有知識——談話管理理論の立場から. 月刊言語, **25(1)**, 30–39, 大修館書店.
田窪行則・金水敏(1996b): 複数の心的領域による談話管理. 認知科学, **3(3)**, 59–74, 日本認知科学会.
Takubo, Y. & Kinsui, S. (1997): Discourse management in terms of mental spaces. *Journal of Pragmatics*, **28**, 741–758, Elsevier.

第3章

Brown, G. & Yule, G. (1983): *Discourse Analysis*. Cambridge University Press.
Givon, T. (1979): *On Understanding Grammar*, Academic Press.
Grosz, B., Joshi, A. & Weinstein, S. (1995): Centering: A framework for modelling the local coherence of discourse. *Computational Linguistics*, **21(2)**, 203–226.
Grosz, B. & Sidner, C. (1986): Attention, intention, and the structure of discourse. *Computational Linguistics*, **12(3)**, 175–204.
Gundel, J., Hedberg, N. & Zacharski, R. (1993): Cognitive status and the form of referring expressions in discourse. *Language*, **69(2)**, 274–307.
Halliday, M. A. K. & Hasan, R. (1976): *Cohesion in English*, Longman.
Hobbs, J. (1990): *Literature and Cognition*, CSLI Lecture Notes 21, CSLI.
Hobbs, J., Stickel, M., Appelt, D. & Martin, P. (1993): Interpretation as abduction. *Artifical Intelligence*, **63**, 69–142.
Hume (1748): *Philosophical Essays concerning Human Understanding*.
Joshi, A. & Weinstein, S. (1998): Formal systems for complexity and control of inference: A reprise and some hints. In Walker, M., Joshi, A. & Prince, E. (eds.), *Centering Theory in Discourse*, pp. 31–38, Oxford University Press.

Kameyama, M. (1985): *Zero Anaphora: The Case of Japanese*. Ph. D. Thesis. Stanford University.

Kameyama, M. (1992): Discourse understanding and world knowledge. *Journal of Information Processing*, **15(3)**, 377–385, Information Processing Society of Japan.

Kameyama, M. (1996): Indefeasible semantics and defeasible pragmatics. In Kanazawa, M., Piñon, C. & de Swart, H. (eds.), *Quantifiers, Deduction, and Context*, pp. 111-138, CSLI.

Keenan, E. & Comrie, B. (1977): Noun phrase accessibility and universal grammar. *Linguistic Inquiry*, **8(1)**, 63–100.

Kehler, A. (1995): *Interpreting Cohesive Forms in the Context of Discourse Inference*. Ph. D. Thesis, Harvard University.

久野暲(1978):『談話の文法』大修館書店.

久野暲(1983):『新日本文法研究』大修館書店.

Kuno, S. & Kaburaki, E. (1977): Empathy and syntax. *Linguistic Inquiry*, **8**, 627–672.

Mann, W. & Thompson, S. (1988): Rhetorical structure theory: Toward a functional theory of text organization. *Text*, **8**, 243–281.

Moore, J. & Pollack, M. (1992): A problem for RST: The need for multi-level discourse analysis. *Computational Linguistics*, **18(4)**, 537–544.

Polanyi, L. (1988): A formal model of discourse structure. *Journal of Pragmatics*, **12**, 601–638.

Prince, E. (1981): Toward a taxonomy of given-new information. In Cole, P. (ed.) *Radical Pragmatics*, pp. 223–255, Academic Press.

Sgall, P., Hajičová, E., Panevová, J. & Mey, J. L. (eds.) (1986): *The Meaning of the Sentence in its Semantic and Pragmatic Aspects*, Reidel, Dordrecht and Academia.

Vallduvi, E. (1990): *The Informational Component*. Ph. D. Thesis. University of Pennsylvania.

Walker, M., Iida, M. & Cote, S. (1994): Japanese discourse and the process of centering. *Computational Linguistics*, **20(2)**, 193–233.

Walker, M., Joshi, A. & Prince, E. (eds.) (1998): *Centering Theory in Discourse*. Oxford University Press.

Webber, B. (1991): Structure and ostension in the interpretation of discourse deixis. *Language and Cognitive Processes*, **6(2)**, 107–135.

第4章

Allen, J. (1983): Recognizing intentions from natural language utterances. In Brady, M. & Berwick, R. C. (eds.), *Computational Models of Discourse*, chap. 2. MIT Press.

Allen, J. F. & Perrault, C. R. (1980): Analyzing intention in dialogues. *Artificial Intelligence*, **15(3)**, 143–178.

Appelt, D. E. (1985): *Planning English Sentences*. Cambridge University Press.

Austin, J. L. (1962): *How to Do Things with Words*. Oxford University Press. 坂本百大(訳),言語と行為,大修館書店,1979.

Bobrow, D. G., Kaplan, R., Norman, D., Thompson, H. & Winograd, T. (1977): Gus: A frame-driven dialog system. *Artificial Intelligence*, **8**, 155–173.

Bratman, M. E. (1987): *Intention, Plans, and Practical Reason*. Harvard University Press. 門脇俊介,高橋久一郎(訳),意図と行為—合理性,計画,実践的推論,産業図書,1994.

Bratman, M. E., Israel, D. J. & Pollack, M. E. (1988): Plans and resource-bounded practical reasoning. Technical Report Technical Note 425R, SRI International.

Chapman, D. (1987): Planning for conjunctive goals. *Artificial Intelligence*, **32**, 333–377.

Clark, H. H. & Marshall, C. R. (1981): Definite reference and mutual knowledge. In Joshi, A. K., Webber, B. L. & Sag, I. A. (eds.), *Elements of Discourse Understanding*, pp. 10–63. Cambridge University Press.

Clark, H. H. & Schaefer, E. F. (1989): Contributing to discourse. *Cofnitive Science*, **13**, 259–294.

Cohen, P. R. & Levesque, H. J. (1990): Persistence, intention and commitment. In Cohen, P. R., Morgan, J. & Pollack, M. E. (eds.), *Intentions in communication*, chap. 3, pp. 33–70. MIT Press.

Cohen, P. R. & Perrault, C. R. (1979): Elements of a plan-based theory of speech acts. *Cognitive Science*, **3**, 177–212.

Fagin, R., Halpern, J. Y., Moses, Y. & Vardi, M. Y. (1995): *Reasoning about Knowledge*. MIT Press.

Fikes, R. E., Hart, P. E. & Nilsson, N. J. (1972): Learning and executing generalized robot plans. *Artificial Intelligence*, **3**, 251–288.

Fikes, R. E. & Nilsson, N. J. (1971): STRIPS: A new approach to the application of theorem proving to problem solving. *Artificial Intelligence*, **2**, 189–208.

Grice, P. H. (1969): Utterer's meaning and intentions. *Philosophical Review*, **78**.

Grosz, B. J. & Sidner, C. L. (1990): Plans for discourse. In Cohen, P. R., Morgan, J. & Pollack, M. E. (eds.), *Intentions in Communication*, chapter 20, pp. 417–444, MIT Press.

Hintikka, J. (1962): *Knowledge and Belief*. Cornell University Press. 永井成男，内田種臣(訳)，認識と信念，紀伊國屋書店，1975.

Kautz, H. A. (1990): A circumscriptive theory of plan recognition. In Cohen, P. R., Morgan, J. L. & Pollack, M. E. (eds.), *Intentions in Communication*. MIT Press.

Kautz, H. A. & Allen, J. F. (1986): Generalized plan recognition. *Proceedings of the Fifth National Conference on Artificial Intelligence*, 32–37.

Litman, D. J. & Allen, J. F. (1987): A plan recognition and model for subdialogues in conversation. *Cognitive Science*, **11**, 163–200.

Marr, D. (1982): *Vision*. W. H. Freeman. 乾敏郎，安藤広志(訳)，ビジョン―視覚の計算理論と脳内表現，産業図書，1987.

Pollack, M. E. (1990): Plans as complex mental attitudes. In Cohen, P. R., Morgan, J. L. & Pollack, M. E. (eds.), *Intentions in Communication*, pp. 77–103. MIT Press.

Rosenschein, S. J. (1981): Plan synthesis: A logical perspective. *Proceedings of the 7th International Joint Conference on Artificial Intelligence*, 331–337, Vancouver.

Sacerdoti, E. D. (1974): Planning in a hierarchy of abstraction spaces. *Artificial Intelligence*, **5**, 115–135.

Traum, D. R. (1994): *A Computational Theory of Grounding in Natural Language Conversation*. Ph. D. thesis, University of Rochester.

Winograd, T. (1972): *Understanding Natural Language*. Academic Press.

Woods, W. A. (1970): Transition network grammars for natural language analysis. *Communications of the Association for Computing Machinery*, **13(10)**.

索　引

CENTER　　*106*
CHAIN 続行表現　　*105*
CHAIN 第 1 表現　　*105*
D–領域　　*87*
DRS　　*62*
DRS 構成規則　　*63*
DRT　　*x*
E–タイプ・アプローチ　　*59, 73*
E–タイプ代名詞　　*74*
Grice の格率　　*20*
Grice の理論　　*18*
I–領域　　*87*
LUNAR システム　　*127*
Marr の 3 階層　　*125*
SHRDLU　　*127*
TOPIC–FOCUS 構造　　*104*
WH 疑問文発話　　*154*
Y/N 疑問文発話　　*154*

ア 行

アイロニー　　*30*
アクセス原則　　*79*
ア–系列　　*84*
アスペクト　　*165*
値知識　　*152*
アップデート関数　　*61*
一般化関係　　*110*
一般化量化子理論　　*166*
一般的会話推意　　*25*
意図明示的な情報伝達　　*6*
イベント意味論　　*68*
イベント時　　*70*

意味　　*3*
意味論　　*3, 4*
意味論的含意　　*15*
因果関係　　*111*
インターバル　　*70*
エンパシー　　*107*

カ 行

概念的意味　　*51*
会話推意　　*22*
会話への寄与　　*162*
拡充　　*12, 45*
含意　　*12, 65*
含意関係　　*114*
関係の格率　　*21*
緩叙法　　*31*
間接言語行為　　*156*
関連性　　*35*
　——の伝達原理　　*39*
　——の認知原理　　*35*
　最大の——　　*37*
　最適の——　　*38*
関連性理論　　*35*
機会　　*113*
木構造　　*98*
記述視点　　*107*
基盤化行為　　*162*
規約的推意　　*34*
共在条件　　*138*
協調の原則　　*20*
共有信念　　*136*
協力的応答　　*155*

索引

局所性　107
クリプキ意味論　139
計算論的アプローチ　125
形式意味論　60
結束 CHAIN　105
結束性　xi, 97, 100, 101
結束法　104
言語行為　144
言語的つながり　97, 101
言語内行為　135
言語媒介行為　135
顕著性　106
現場指示の用法　64
行為　141
　　──の構造　134
行為型　141
行為型連鎖　142
高次発話行為　34
高次表意　47
誇張法　31
コードモデル　18
コネクター　78
コミュニケーション　5
固有名詞　101
語用論　2, 5
語用論的含意　16
語用論的関数　80
コンテクスト　10, 95, 108
コンテクスト効果　36

サ 行

算定可能性　29
時空的つながり　112
指示対象知識　152
指示表現　97, 101
指示名詞句　102
質の格率　20

質問応答システム　128
主題性　106
照応的表現　101
詳述関係　110
焦点状態　106
情報移転制約　87
情報パッケージ　104
心的態度　47
真理条件　50
推意　41, 49
推意帰結　49
推意前提　49
推論モデル　19
スペース　77
スペース構成　78
スペース導入表現　79
制限付き量化　166
整合関係　109
整合性　xi, 97, 99
生成の関係　134
正知識　152
説話　113
ゼロ代名詞　102
線形プラン　148
選言導入　14
先行詞　101
全称量化子　166
センタリング状態　106
ソ–系列　84
存在量化子　166

タ 行

対応物　79
対照関係　110
代用表現　103
対話　127
　　──の共同性　161

——の制御　161
他者説得プランの認識　153
他者の説得　150
他者のプランニングの利用　150, 158
他者のプランニングの利用の認識
　　153
他者の利用　150
他者利用の認識　153
談話　94
——の意味　60
——の真理条件　60
談話管理理論　x, 84
談話構造　115
談話構造生成過程　116
談話参加者　97
談話指示子　62
談話情報　97
談話節　98
談話表示構造　62
談話表示理論　x, 59, 62
談話分析　94
談話法　94, 97, 100
談話領域　86
談話連結詞　51
知識状態の更新　61
中心性　106
直喩　31
手続き的意味　51
テンス　165
テンス・アスペクト形式　68, 165
伝達意図　132
同一指示　102
動詞的表現　103
動的アプローチ　59
動的論理　59
特定的会話推意　22
閉じているノード　117

とり消し可能性　26

ハ行

背景　113
発語行為　135
発話　x, 7
——の力　11, 47
——の表出命題　12
発話解釈　5, 155
発話時　70
発話処理にかかる労力　37
発話する　x
発話文　x, 98
非真理条件的意味　51
非線形プラン　148
非明示的伝達　49
非明示的な情報伝達　6
表意　40
開いているノード　117
不確定性　28
負知識　152
普通名詞句　102
部分指示　102
普遍量化子　166
プラン　146
——の誤り　159
プラン推論　147
プランニング　147, 148
プランニング構造規則　149
プランニング他者規則　149
プランニング知識規則　149
プラン認識　148, 150
プラン認識構造規則　151
プラン認識他者規則　153
プラン認識知識規則　152
文　7, 98
文-タイプ　7

文-トークン　7
文の情報構造　103
文脈指示の用法　64
文脈的含意　16
分離不可能性　28
並行関係　110
平叙文発話　154
ベース・スペース　79
包含指示　102

マ 行

まとめ関係　110
マルチモーダルインタラクション　162
右端辺　116
明示的伝達　49
名詞的表現　101
命題　10
命題的態度　138

命令文発話　154
メタファー　30
メンタル・スペース理論　x, 77

ヤ 行

様態の格率　21

ラ 行

量化子　165
量の格率　20
類似関係　110
例外関係　110
例証関係　110
ロバ文　62
論証関係　113
論理語　14
論理的含意　12
論理的前提関係　33

■岩波オンデマンドブックス■

言語の科学 7
談話と文脈

	2004年10月6日　第1刷発行
	2019年7月10日　オンデマンド版発行

著　者　　田窪行則　西山佑司　三藤　博
　　　　　　（たくぼゆきのり）（にしやまゆうじ）（みとうひろし）
　　　　　亀山　恵　片桐恭弘
　　　　　　（かめやまめぐみ）（かたぎりやすひろ）

発行者　　岡本　厚

発行所　　株式会社　岩波書店
　　　　　〒101-8002　東京都千代田区一ツ橋2-5-5
　　　　　電話案内　03-5210-4000
　　　　　https://www.iwanami.co.jp/

印刷／製本・法令印刷

© Yukinori Takubo, Yuji Nishiyama, Hiroshi Mito,
Helge Szwerinski, Yasuhiro Katagiri 2019
ISBN 978-4-00-730907-6　　Printed in Japan